春を売るひと

「からゆきさん」から現代まで

牧野宏美

晶文社

春を売るひと　「からゆきさん」から現代まで　目次

第3章　娼婦はどう見られてきたか

吉原脱出

第4章　分断を越えるために

はじめに

穏やかな海が広がる港には人影がなく、陽が沈むと闇が一気に深くなった。

長崎県南島原市口之津。

島原半島の南端に位置し、一六世紀に南蛮貿易の港として開かれた口之津は、明治期には石炭の輸出港となる。三井三池炭鉱産の石炭がここで大型船に積み替えられ、次々に外海に出て行ったのだ。

その大型船に、漆黒の闇に紛れて乗りこみ、船底に潜んだ若い女性たちがいた。女性たちは石炭とともに海を渡り、東南アジアなど各地で「からゆきさん」となった。

二〇二一年一〇月下旬、私は初めて島原を訪れ、彼女たちが出発した地に立った。二〇二〇年一二月、私は「からゆきさん」に関する記事を書いた（「毎日新聞デジタル」二〇二〇年一二月二九日）。からゆきさんとは、明治から大正、昭和にかけて貧しさなどさまざまな理由で海外に行き、娼婦となった女性たちのことである。記事は約一〇〇年前にシンガポールに渡った島原出身の女性が日本に戻った後、自身の経験を語った肉声テープが残っていた、というものだった。

私自身は「この貴重な証言を埋もれさせてはいけない」という思いから書いたが、からゆきさんは昔の出来事で、現在では忘れられているといってもよいかもしれない。しかし、ニュースサイトで配信したところ、予想以上の反響をいただいた。反応の多くは「こんな歴史があったとは知らなかった」という驚きと、当時の女性たちの苛酷な境遇に思いを寄せるものだった。

取材を進めてみると、島原などからゆきさんを多く生んだ地域では、その存在を「負の歴史」と捉え、いまだにオープンに語られにくいことを実感した。多くの女性は差別を恐れて口をつぐまざるをえなかったという。そんな状況と、読者が示してくれた共感、同情には落差があった。

記事の数か月前の二〇二〇年八月、私は戦後七五年の終戦記念日にあわせて「パンパン」についての記事も書いていた。「パンパン」とは、終戦直後、さまざまな事情で、米兵などを相手に体を売っていた女性たちの呼び名で、侮蔑的な意味合いが強い。残された女性たちの証言から、その差別の実態を伝えようとした内容だったが、「性暴力被害者が責められない社会にするために、被害者に寄り添った報道を続けてほしい」という感想をいただいた。この読者も、パンパンを侮蔑するどころか、性暴力の被害者と捉えていた。

取材した研究者が語っていた言葉が印象に残っている。その研究者は、約二〇年前からパンパンについて調べてきたが、当初は冷ややかに見られ、女性研究者からも「なぜパンパンなど調べるのか」と研究発表の場で非難されることもあったという。娼婦への偏見や差別意識が根強かったことを物語るエピソードだが、それが最近は、幼少期に見聞きしたパンパンについて証言したいという人も現れるなど、変化を感じているという。

この変化はどういうことだろうか。

私は「毎日新聞」の記者として約二〇年、主に社会部で事件や裁判、原爆など太平洋戦争に関する報道に携わってきた。二〇一九年以降はウェブ向けの記事を手掛けるほか、ウェブ編集を担うデジタル編集本部に所属している。

二〇一九年に始めた就職氷河期世代のルポ連載で、困窮する非正規労働の女性を取り上げたのをきっかけに、女性の貧困を生む社会とは何かを考えるようになった。その歴史的背景を知りたいと、時代をさかのぼって女性の生き方を調べるなかで、「娼婦」と呼ばれる女性たちに出合った。

先述のとおり、当初は女性が置かれた状況を少しでも理解し、苛酷な実態を伝えたいという思いが強かった。理解ができたとは思っていないが、次第にからゆきさんが語る辛さや生き様に、そして生きるためになりふりかまわず街頭に立ち続けたパンパンのたくましさに、心を揺さぶられたのも事実だ。なぜ彼女たちの生き方に引き付けられるのか。そう考えたことも取材を続けた大きな理由のひとつである。

本書では、近現代の娼婦に関する残された史料や取材をもとに、まずはその実態について報告しようと思う。今回取り上げる「娼婦」は主に「からゆきさん」、「パンパン」だ。なお、「娼婦」と「売春婦」とはほぼ同義だが、対価を得る目的で性的サービスを提供する女性を指す。江戸時代や明治時代に使われていた「遊女」「娼妓」も娼婦に含まれる。

さらに現在、東京・新宿歌舞伎町などで売春したり、性風俗で働く女性たちについても報告したい。

そのうえで、過去と現在で、娼婦の在り方や直面する問題はどう変わり、もしくは変わらなかったのか。社会の娼婦にたいするまなざしはどう変遷していったのか。そして、過去の娼婦たちの生き方が今、私たちに問いかけるものは何か——。そうした観点から、現場を歩き、彼女たちの生の姿について探ってみたい。

俳優の五大路子さんは、パンパンと呼ばれた女性を演じる舞台を続けている。風俗で働き、リストカットを経験したというシングルマザーの女性は、その舞台を見て、こんな感想を寄せた。

「こんな人生を歩んだ人がいるんだ、と涙が止まらなかった。もう一度生きてみようと思います」

＊本書中における証言・引用文中等には、今日の人権意識に照らして不適切とされる表現も含まれていますが、歴史的事実という重要性にかんがみ、記載しています。
＊取材・証言・解説をいただいた方の年齢は取材当時、所属・肩書きは、原則として本書刊行時のものです。同様に本書に記載された人名、名称、数値なども刊行時のものです。
＊本書中〔〕で記載した文章は著者による註です。

第1章　からゆきさんの声

宮崎康平氏が春代をインタビューした際の録音テープ。「からゆきさんの話（1）」と書いた紙が貼られている（内嶋善之助さん提供）

「声」との出合い

老いた女性の声が語る言葉に、衝撃を受けた。

二〇二〇年一〇月、ジェンダー史学会のシンポジウムをオンライン取材していた時のことだ。「シンガポール・マレーシア半島における日本人女性の経験――ある『からゆきさん』の生涯をてがかりに」と題した嶽本新奈氏（お茶の水女子大学ジェンダー研究所特任講師）の発表のなかで、女性の肉声テープの一部が紹介されたのだ。

女性の名前は仮に「水田春代」としたい。春代は現在の長崎県島原市出身で、シンガポールに渡っていた。記録では一八八八（明治二一）年に生まれ、一九六七年に亡くなったとされる。その語りは、低く太い声色で、淡々と言葉をつないでいたが、底知れぬ迫力と重みを感じさせた。何十年も前の出来事を昨日のことのように生々しく証言し、時に感情が高ぶると声が大きくなり、ふるえた。島原のなまりが強く、すべてを正確には聞き取れないが、自身の娼婦としての苛酷な体験を赤裸々に明かしていることが強く伝わってきた。

というのも、このとき私は、一〇年ほど前に市民団体が開いたある上映会で見た「からゆきさん」の映画を思い出していた。山崎朋子（一九三二―二〇一八）のノンフィクション『サンダカン八番娼館――底辺女性史序章』（一九七二年）を映画化した『サンダカン八番娼館 望郷』（一九七四年）で、栗原小巻演じる山崎をモデルにした女性が、天草で貧しい暮らしをする田中絹代演じる元からゆきさんを見つけ出し、押しかけるようにして同居を始め、その体験を聞き出す、という内容だった。

からゆきさんが多くいたとされる天草でも、その存在は隠され、自ら名乗りでて証言するのはきわめてまれという状況のなかで、克明に記録に残した山崎のジャーナリストとしての仕事は、記者からみて率直にすごいと感じた。と同時に、一九七〇年代とはいえ、強引ともいえる取材手法には違和感が残った。

一〇年前の自身の記憶を振り返ってみても、証言が貴重なことは言うまでもなく、さらに今は存命のからゆきさんはいないであろうことを考えると、肉声テープの歴史的価値が高いことは間違いなさそうだった。「声」を発する彼女の姿に少しでも近づきたい。私は取材を始めた。

「からゆきさん」

ここで、「からゆきさん」とは何かを説明しておきたい。

もともとは一九世紀後半に海外へ出稼ぎに行く人は男女問わず「唐行《からゆ》きさん（外国へ行く人）」と呼ばれていたが、次第に外国で売春業に就く女性を指すようになった。地域はシベリ

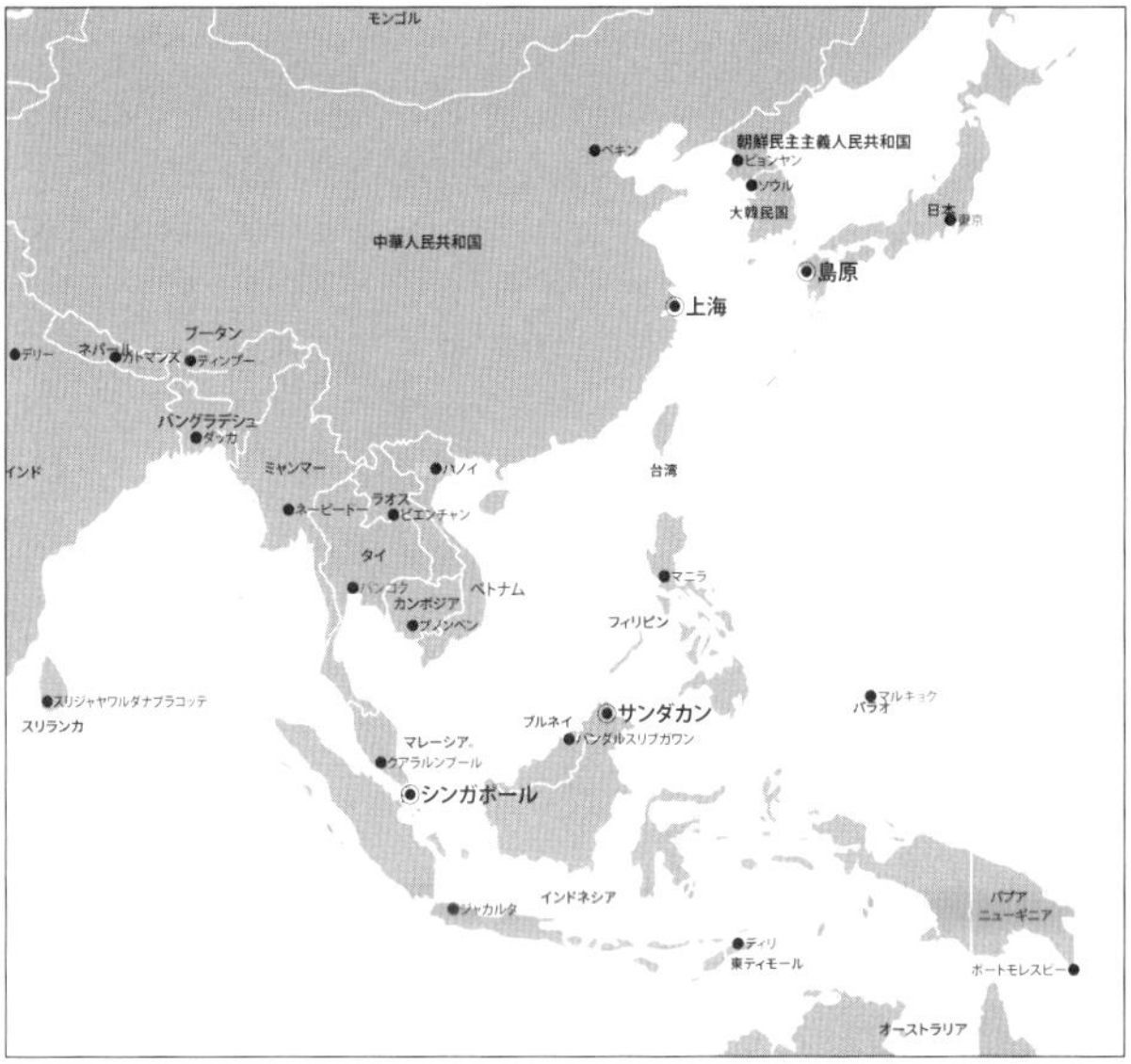

現在の地名による

アや中国大陸、東南アジア諸国、インド、アフリカ方面まで広範囲に及んだ。日本全国から渡ったが、とくに九州の天草地方（熊本県）、島原地方（長崎県）出身者が多かったとされる。苛酷な環境下で若くして命を落とし、故郷へ帰ることができなかった女性も少なくない。

バブル期の一九八〇年代、フィリピンなどアジアから日本に出稼ぎにきて風俗業につく女性を「じゃぱゆきさん」と呼んだが、このからゆきさんに由来しているという。

なぜ女性たちは海外で娼婦となったのか。オーストラリアの東南アジア史学者、ジェームズ・フランシス・ワレンによる『阿姑とからゆきさん――シンガポールの買売春社会1870―1940年』（二〇一五年）は、「根深い貧困、家族単位のひ弱な経済基盤、そして豊かになれるかもしれないという期待が、おびただしい数の女性や少女を海外に送り出す供給源となった」と指摘している。

とくに農村部は極端な貧困状態で、中でも島原や天草は耕作地が少なく、中国大陸や南洋諸国に近かったことなどから多くのからゆきさんが生まれた、と同書にはある。さらに、家父長制が、農村での女性の価値を低くし、搾取される存在にしたと分析する。つまり、貧困と女性の地位の低さが背景にあるとされていた。

シンポジウムの後、私はさっそく嶽本氏に会って話を聞いた。天草出身の嶽本氏は、約二〇年前から島原や天草に通いながら「からゆきさん」の研究を続け、『「からゆきさん」―海外〈出稼ぎ〉女性の近代』(二〇一五年)を上梓している。

なぜ肉声テープが残されていたのか。

話は約六〇年前にさかのぼる。

島原出身の作家、宮崎康平(一九一七―一九八〇年)が一九六一年、シンガポールから帰国していた春代と自宅で面会した。宮崎は「『からゆきさん』についての小説を書きたい」と以前から話していたことから、知人から当時七三歳の春代を紹介されたという。宮崎は二回にわたりインタビューした。録音テープは一二時間に上った。宮崎は春代への取材などをもとに途中まで小説を書いたものの、その後別の仕事で多忙になり、未完のまま亡くなった。テープは宮崎の妻、和子さんが保管していた。

和子さんは二〇一一年、元島原市職員で舞台の創作活動をしている知人の内嶋善之助さんにテープを託した。内嶋さんは長期保管するためにテープをデジタル音源化した。

嶽本氏はその少し前に、研究のため南島原市口之津を訪れた際に偶然内嶋さんと知り合っており、その後、内嶋さんからテープを託されたことを聞いた。嶽本氏はその時のことを振り返り、私にこう語った。「埋もれさせるのはもったいない史料だと思いました。存在を知った者としての義務感のようなものもあり、研究に取り組んでいます」

汚物で身を守る

一二時間の録音テープは、どんな内容だったのか。

春代がシンガポールに向かったのは一六歳の時だった。テープには、シンガポールへ行くまでの経緯や、密航した船のなかの様子、娼館での労働環境、娼館を出た後の生活などが島原の方言で詳細に語られている。後に触れる、内嶋さんがテープの内容を基に作った「戯曲　珈琲とバナナとウィスキー――宮崎康平、からゆきさんの話を聞く」（二〇一九年）や、前掲の嶽本氏の学会発表資料「シンガポール・マレーシア半島における日本人女性の経験――ある『からゆきさん』の生涯をてがかりに」（二〇二〇年）、上記資料と内嶋さんや嶽本氏への取材などから、以下、春代の言葉を伝える。

〈私の父は神経症でしたから働けんでねえ……〉。貧しかった。家族は父、母、妹ふたり、弟ひとりの六人。父は神経症〔精神性疾患〕のため働けず、春代は一〇代前半から奉公に出され、島原の揚屋《あげや》〔遊女を呼んで遊興する店〕で下働きをしていた。

一六歳の時に母親が死亡すると、家計を支えるのは春代ただ一人に。揚屋の給金では到底足りない。そんな時、銭湯で見知らぬ高齢女性から、「高い給金が出る。遠いところに行かないか」と誘われ、外国行きを決意する。

春代を斡旋《あっせん》する女衒《ぜげん》と呼ばれる男性たちの手引きで、シンガポールに密航したのは一九〇四年。日露戦争開戦の年だ。

女衒とは、遊廓や女郎屋などに売春する女性を斡旋する仲介業者のことをいう。女性を売って対価を得るいわゆる人身売買で、貧しさなど様々な事情で娘を女郎屋で働かせようとする時にこうした女衒に依頼したり、また女衒から持ちかけたりしていた。春代の場合は、前述の高齢女性がスカウトのような役割を果たし、若い女性を誘って女衒につなげていたとみられる。好条件と嘘を言って女性をだますことも多く、ひどい時には誘拐など強制的な手段を使って女性を集め、売り渡すケースもあった。女衒もそうだが、このように女衒に話をつなぐ女性が普通に街中にいたことに驚きを覚える。

からゆきさんが多く生まれた明治期の女衒としては、日本からシンガポールなど東南アジアに女性を斡旋し、現地で女郎屋も経営していたとされる村岡伊平治という人物の名が知られている。村岡の自伝を原作とした、今村昌平監督による緒形拳主演の映画『女衒　ZEGEN』が一九八七年に公開され、その年のカンヌ国際映画祭に出品されるなど話題になった。

1908年、廣田言証（P.52）がシンガポールを訪れた際、日本人墓地で、亡くなった女性たちの法要をする「からゆきさん」たち　（理性院大師堂提供）

自伝によれば、村岡は一八六七年に長崎・島原で生まれ、海外で身を起こそうと一八歳で香港に渡る。各地を転々とするなかで、外国人に売られて監禁されていた日本人女性を助けたことをきっかけに、女衒を始めるようになる。前科のある日本人男性を使い、日本で女性を誘拐させ、海外に密航させるという違法な手法で儲け、事業を拡大していったという。村岡は、こうした女衒業は前科者を更生させ、また女性に金を稼がせ、日本の家族へ多額の送金をすることによって国に納める税金が増えるため、「国家のためになる」と主張している。

村岡の自伝は、その信憑性《しんぴょう》について歴史研究者から疑義が呈されているほか、映画化した今村監督も、自身が企画した自伝の復刻版で「誇大妄想気味」で「自称するほどの大物ではなかったのではないか」と指摘している。それを前提とした上でも、女衒の具体的な仕事内容や、後に触れるが、海外への移民政策が進められるなかでの当時の日本人の国家観がうかがえるという意味で、自伝は興味深い史料と言えるだろう。なお、女衒については、宮尾登美子の作品とその映画、緒形拳主演の『陽暉楼』でも克明に描かれている。

ただ、言うまでもなく、女衒は女性をモノとして扱うことを基本にしている。とくに誘拐の場合はただで女性を「仕入れ」て売り渡し、利益を得るという犯罪行為であって、村岡が「国家のため」と「大義」を掲げたところで、到底、その行為を正当化することはできない。

春代は、島原の港から二四人の若い女性たちと四人の男性と大型船に乗りこみ、石炭などを積んだ船底部分に身を潜めた。この港が、本書「はじめに」で触れた口之津だ。

口之津港は島原半島の最南端、現在の長崎県南島原市にある。県中部の長崎空港から電車や路線バスを乗り継いで三時間ほどかかる。日の光に水面がきらめく美しい海を車窓から眺めながら、春代や女性たちも同じような景色を見たのだろうかと思いをはせる。

島原はキリシタンの地でもある。一五六〇年代にキリスト教が伝わり、口之津港は南蛮貿易の拠点としても栄えた。周辺にはキリスト教関連の建築物や、キリシタンへの弾圧を伝える場所などが現在も多く残る。島原・天草の民衆が蜂起した「島原・天草の乱」(一六三七―三八年)の地となった「原城跡」(島原市)は、二〇一八年に世界文化遺産に登録された「長崎と天草地方の潜伏キリシタン関連遺産」の構成資産のひとつだ。

島原半島の南端にある口之津港（長崎県南島原市）。100年以上前、女性たちが船底に潜み、海外に向けて出発していった（著者撮影）

島原・天草の乱はキリシタン弾圧に抗議する宗教一揆のイメージが強いが、それだけでなく、厳しい年貢の取り立てなどの苛政、凶作や飢饉が続いたことなども大きな要因だった。司馬遼太郎が各地を訪ねて文化や歴史風土を描いた「街道をゆく」シリーズの『島原・天草の諸道』（一九八二年）でも触れているとおり、当時の島原の領主・松倉重政やその子勝家らの暴政ぶりはひどく、島原・天草の乱の発端とされる「口之津事件」では、過重な年貢を納めきれなかった農民の家の妊婦が水責めにあい、子とともに亡くなるという悲劇が起きた。司馬は「島原の乱の本質は宗教一揆ではない」と言い切り、天草でも同様に暴君が農民たちを苦しめ、貧しさをさらに苛酷なものにしていったと指摘する。

また、火山の噴火と地震、それによる津波

有明海から見る島原半島。手前が大津波を引き起こした前山、その背後が普賢岳

による自然災害も住民たちを苦しめた。一七九二年（寛政四年）には島原の雲仙普賢岳の噴火によって大津波が起き、島原や対岸の天草など肥後（熊本）で約一万五〇〇〇人の犠牲者が出た。「島原大変肥後迷惑」と呼ばれる日本最悪の火山災害だ。こうした火山の噴火はこの地方では繰り返し起きており、土石流や火砕流、火山灰等により耕地は荒れ、狭まった。近年では一九九〇年の普賢岳の噴火とその後の火砕流による災害が記憶に新しい。明治期も続いたこの地域の貧困の背景に、こうした歴史があったことも忘れてはならないだろう。

春代がやって来た当時の口之津は、三井三池炭鉱（福岡県）の石炭の積み出し港でもあった。

春代らが人目につかぬよう、船に乗りこん

だのは真夜中だった。

船底はひどい状況だった。暗闇で便所もなく、汚物は垂れ流し。航海は約一カ月続き、世話役の男性が女性たちに性的暴行を加えることもあったという。春代は自分の体に汚物をつけることで暴行から逃れた、とテープの声は語る。

〈私も狙われたですが、「ここでやられて、たまるか」と思うて、そこら辺にあった汚れを手えで顔にぬすくったとですよ。ウジがわいとったば汚ればですたい。それで、私はやられんやったです〉

不衛生だったため、生理の際には陰部にウジ虫がわいたという。

〈月のもんがあっても、あそこに詰めるもんも、拭くもんもなか。小便も糞もあるもんですか。みんなその辺にするわけです。その臭いの臭くないの、お話にならんですよ。船の底は、地獄ですよ。よぉう生きとったと思います〉

あまりに劣悪な環境のため、到着までに命を落とした女性もいたという。

春代が経験した船での移動は凄惨を極めたが、すべてのからゆきさんが同様の経験をしたわけではないようだ。たとえば『サンダカン八番娼館』に登場するおサキさんは、長崎からマレーシア・ボルネオ島まで、台湾、香港経由で大きな汽船で行ったと証言する。経由地で船が出るまで一カ月以上待たされて時間がかかったとしているが、「道中には面白かと思うことも ひとつやふたつじゃなかった」と振り返り、宿屋では朝昼晩三度の食事に白米が出てきたことを印象深いエピソードとして挙げている。

この差は、ひとつには、密航かそうでないかの違いが大きいと考えられる。おサキさんの旅程を見る限り、宿に泊まって食事もとっており、こそこそと隠れていたような様子はうかがえない。「口之津歴史民俗資料館」によると、からゆきさんは春代のような密航だけでなく、旅券で公式に海外に渡ったケースもあったという。

売春のための海外渡航と一口にいっても、密航かどうか、時期や社会情勢、目的地やルート、女衒の方針や懐具合、人柄など条件によってその後の運命は大きく違ったようだ。

ムシロをかぶって上陸

春代たちを乗せた船はようやくシンガポールに到着する。密航のためここでも人目を忍ぶ必要があった。夜まで待って迎えに来た小型船に乗り移り、ムシロをかぶって港に上陸した。

女衒に「這《は》って行け」と指示され、ムシロをかぶったまま道を這うように進み、ある建物にたどり着く。そこでは風呂と食事が用意されていて、春代たちは全身「熊」のように真っ黒になった汚れを落とし、バナナなどを食べた。その様子を女郎屋から来た年配の女性たちが見て品定めをし、値段交渉の末、春代たちをそれぞれの女郎屋へ連れて行った。

春代が連れて行かれたのは、日本人が経営する女郎屋だった。それはマレー街と呼ばれる、日本人娼館が集まっていた通りにあった。

前掲のジェームズ・フランシス・ワレン『阿姑とからゆきさん』によれば、イギリスの植民地のシンガポールでは、移民の増加に伴って一八九〇年代にヨーロッパ、中国系などの娼館が急増。からゆきさんは一九〇五年頃までに増えた。当時一〇九の日本人娼館に六三三人の娼婦が働いていたとの記録がある。日本人娼館がもっとも集中していたのがマレー街で、一〇九軒のうち三二軒が並び、一七九人の娼婦を抱えていた。マレー街はシンガポールの東岸に位置する通りで、日本人娼館以外にも中国人娼婦の「阿姑」を抱える娼館も多数あった。日本人娼婦は人種によって客を区別せず、料金さえ支払えば、誰でも相手をする用意があったという。

森崎和江『からゆきさん』（一九七六年）によれば、一九〇九年の「福岡日日新聞」では、現地を訪れた記者がマレー街のからゆきさんの様子をこう描写している。

「家は洋館にして青く塗たる軒端に、123の羅馬字を現はしたる赤きガス燈を懸け、軒の下には椅子あり。異類異形の姿せる妙齢の吾が不幸なる姉妹、之に倚《よ》りて数百人とも知らず居並び、恥しげもなく往来する行路の人を観て、喃喃として談笑する様、あさましくも憐れなり。衣類は目を驚かす色あざやかに派手なる浴衣をまとひ、ことごとく細帯のみにして、髪は高きヒサシに大なるリボンを掛く」

ガス燈の下に客引きのため集まる色鮮やかな服装の若い女性たち。情景は目に浮かぶが、「恥しげもなく」「あさましく」という表現に記者の視点が垣間見えるようだ。

前出の『サンダカン八番娼館』の続編にあたる『サンダカンの墓』（一九七四年）では、山崎朋子が一九七三年頃、現地在住の日本人の案内でマレー街の跡地を訪れた様子が描かれている。通りには三階建ての古い建物が並んでおり、案内した日本人によると、日本人娼館に使われた建物の二階、三階には六畳間ほどの広さの部屋があり、トイレや台所は備えておらず、各階に共用のものがあるのみだったという。

夜の通りで華やかに着飾った娼婦たちは、簡素な娼館の部屋で、客を選ばずサービスしていたのだろうか。彼女たちの懸命で健気《けなげ》な姿が伝わってくるようだ。

「忙しかときは痛かとですよ」

春代は女郎屋の主人から衝撃的な「事実」を知らされる。シンガポールに来るまでの旅費や宿泊費、手数料などとして、莫大な額の借金を負わされているというのだ。絶望的な気持ちになり、涙があふれた。

最初の客は現地で商売をする日本人だった。春代には初めての体験だった。「水揚げ」は人気が高く、客は通常より高い料金を払うが、すべて女郎屋が受け取り、春代の取り分はなかったという。

「水揚げ」とは、性行為の経験がない女性が遊廓や女郎屋で初めて客をとることを言う。「処女」は特別で価値が高いものとされ、店にとってはより多くの売り上げが見込めるため重要な位置づけだった。一方で、女性を手荒に扱って傷つけることのないよう、店側は水揚げの客として、経験が豊富な比較的年配の男性を選ぶことが多かったとされる。

これは女性への配慮というより、女性を「商品」とみなし、これから売り出す商品を傷物にされたくない、という店側の意向が働いたとみていいだろう。こうした女性の初体験をありがたがる価値観は現代まで続いており、女性の純潔を第一の価値とする「貞操観念」といった言葉もいまだに残る。

春代の客も、年齢は不明だが、妻子や愛人がおり、経済的にも豊かとみられる日本人男性があてられた。その男性は一週間、春代を独占して大金を支払ったという。

〈「借金の分にはならん、タダ働き」と聞いて私はまた泣いたとです〉

春代はそう振り返る。

短時間（ショート）は三ドル、一晩で一五ドル。春代は借金を返し、日本に残した家族に送金するため懸命に働いた。アメリカ、イギリス、ロシアなど外国人客の相手もした。

春代の肉声テープは、女郎屋での仕事を包み隠さず語る。

〈忙しかときは痛かとですよ、あそこが。それで這うて廊下と階段を行くとですよ。あれが女郎の地獄ですよ。男の棹《さお》は替わっても、ツボはひとつでしょ。もうやっちゃですたいなあ〔ひどいですね〕〉。私は忘れられん。瓶に入った油ばですね……バスリンというたですかね。ベタベタするとをつけるとです。数の多かときは、汁気がなくなるけんですねえ〉

〈そんなんとを、四九〔人〕したよ。わたしゃ、一日ひと晩のうちに。いっぺん、そういうこ

とのあった。昼の午前中、九時から。晩のちょっと三時ごろまでな。もうね、泣くにゃ泣く〉

客が多いときは朝から未明まで、一日四九人の相手をした。痛みは、ワセリンを塗ってしのいだ。春代のいう「バスリン」は、ワセリンのことを指す。

〈いくら子どもでン、元気のよか若か娘でン、あそこが「痛か、痛か！」ちゅうてね、感じが変になって、もう説明もできん。ほんなごて、情けなか。いやらしゅうて、今も忘れられん。おそろしゅうて……〉

苦痛に追い打ちをかけたのは、性病対策のための洗浄だった。

性病は主に梅毒を指す。厚生労働省のホームページなどによると、梅毒は、細菌の梅毒トレポネーマが、性行為を通じて性器や口から体内に入り感染するもので、発症すると初期には感染部位にしこりができたり、手足に発疹が出たりする。治療が遅れると脳や心臓に重い合併症を引き起こすほか、潜伏期間が長いと中枢神経が冒され、記憶障害や異常行動といった精神障害や認知症と似た症状が出る。妊婦から胎盤を通じて胎児に感染し、死産や早産を引き起こすこともある。

梅毒は日本には一六世紀に伝わったとされ、明治期に娼婦への性病検診が行われるようになった。第二次世界大戦後は治療に有効とされるペニシリンの普及で感染者数は減少したが、近年では、二〇一一年頃から増加傾向にある。

当時、性病の蔓延を防ぐため、娼婦はひとりの客の相手が終わるごとに、膣内を消毒洗浄するよう指示された。疲れた体をひきずるように部屋から洗い場のある階まで毎回階段を上り下りすることは重い負担だった。嶽本氏によると、この洗浄が原因で不妊になった女性もいるという。

〈いっぺん、一人ひとり、一人ひとり、階段でしょう。そりゃもう立派な階段ですよ。それが上りくんだりで、おまけに熱いお湯に、な。衛生が正しかけん向こうは〔娼館は衛生がすべてだから〕。やかましかってすもん〉

娼館が、娼婦に毎回の洗浄を求めたのは、週に一度、医師によって行われる性病検診に引っかからないようにするためだった。娼婦はひとり一冊、日記帳のような帳面を渡され、月経周期やいつ客を取ったかなどを細かく記録させられた。医師は検診で問題がない場合はそれにサインし、客も安全であることの証明として帳面を見せるよう求めていた。

〈一週間にいっぺん、検査ですけん。な、そして、ちょうどこう、日記帳みたいなっとば、一人ひとりに渡してあっとです。医者が一週間にいっぺん検査すっとに必要の帳面がね。ちょうど日記帳、こまんかブックが一丁渡してあっとですよ。それ〔帳面〕がものをいうとですたい、女郎にはな。客が威張って出せって言う。〔帳面を見て〕「はい」って言うてから、オーライって言うてから、……馬んことやらす〉

前掲『阿姑とからゆきさん』によると、性病検診は、軍人や船乗り、クーリー〔苦力＝中国人労働者〕らが性病にかかり、蔓延することを防ぐことが目的だった。性病が蔓延すれば軍人や労働者は働けなくなるため、軍や社会が機能不全に陥る恐れがあるからだ。このため性病は検診によって厳重に管理され、娼婦が性病にかかっているとわかると、娼館が営業停止になるなどペナルティを受けたとされる。

検査の負担やペナルティなど、犠牲を強いられるのは常に女性の側だった。

「日本人客は好かん」

春代は、客についても言及していた。宮﨑が「中には外国人で助平がいたでしょう」と尋ねた際は、それをきっぱりと否定した。

〈いやあ、やっとだない、やっぱ、そうでしょう旦那さん。まあ、正直のあらたまりよう。学問のあるやつやっけんね、やっちゃにゃしません〔ひどいことはしません〕。〔外国人が〕やっちゃにするっちゅう人は、こりゃ間違うて言いよる人。絶対です。絶対、あのごめんなさいよ。日本人が隠れとる。怒っちゃくれますまいな。そして、日本人の人はいいよらす。おい、君、ん、なんだい、うれしかろうが。何をですかって、こう言うたないな。何がうれしかってでしょうかってこう言うたな。気持ちよかろうが。屁どんかめと思いよった、心の内で。もうごめんなさいよ。正直な話ば今やりっぱにしよっとけんな〉〈君、うれしかろうが、必ず言わすよ。日本人の人がさな〉〈そしてもう、あんまりうれしゅうなかときは、怒らんなら言うですけれども、ってこう言う。怒らんで言えって。ふん、日本人なんかは、もう好かんって、外人が一番

よかって、私言いよったですよ。何、もう一遍言うてみろ。そうです。太かろうが、長かろうが。そうです。なんも隠さん〉

「うれしかろうが」「気持ちよかろうが」と言って同意を求めてくる日本人より、外国人の方がよかったという。苛酷な環境で働く春代は、教養があり紳士的な対応をする外国人に比べ、女性の気持ちをおもんぱかることなく、自分の欲求を満たすことにしか関心がないような言動をする日本人男性を腹立たしく感じたのだろう。

先述した『サンダカン八番娼館』は、山崎朋子が、天草に住むからゆきさんだった女性、おサキさんと三週間生活を共にし、その際に聞き取った娼婦時代の話をまとめたものだ。嶽本氏が指摘するとおり、おサキさんが語る娼婦の体験は、春代の証言と多くの共通点がある。

おサキさんは九歳の頃、家計を支えるためにボルネオ島のサンダカン（現マレーシア、Ｐ・17）に渡り、一三歳から娼婦として働くようになる。忙しいときは一晩で三〇人の客を取ったという、客ごとに陰部の消毒を欠かさなかった。

そして、春代と同様、日本人客について「（現地住民や英国人、中国人らと比べて）一番いやらしかった。うちらの扱いが乱暴で、思いやりがなかった」と嫌う。

おサキさんも春代も外国人と接することで、日本人男性の身勝手さを知るようになったのだろう。

中絶と不妊手術を迫られる

春代は一年半、娼館で働いた後、一八歳でイギリス人のフォックスという男性（当時二七歳）に身請けされる。「身請け」とは、娼館への借金を肩代わりして精算し、娼館をやめさせることだ。シンガポールでは、そのようにしてイギリス人が現地で娼婦を愛人にすることは珍しくなかった。

当時春代には他に好きなイギリス人がいたが、強引に身請けしたフォックスと八年間暮らすことになった。フォックスは宝飾品をたくさん買い与え、島原の実家にも送金してくれた。身請けされた後、春代は日本人の間で「ダイヤモンドおなご」と呼ばれることもあり、経済的には不自由のない生活を送ることができた。

しかし、結婚をして子どもを持つという生き方は選べなかった。二二歳の頃、妊娠が分かった際は、フォックスに中絶と不妊手術を迫られた。「ハーフで生まれると子どもが差別に遭う」「正式に結婚しておらず、日本人娼婦との関係はイギリス人コミュニティで悪く言われる」といった彼の言う理由からだった。春代は自分も承諾して手術したと説明するが、こう漏らす。

〈おれは大喜びしてます。おめでとう、みたような気持ちを抱いとったわけですたい〉
〈ところが、ある朝、相談があるちゅうとですもん〉
〈おろせっていうとですたい〉

〈今度は殺してしもうたとよ。子宮をば〉

中絶や不妊手術は今も昔も女性にとって非常に重い決断だ。ここまで苦労を重ねてきた春代には、妊娠は幸せを実感できる数少ない出来事だったに違いない。だから、七〇歳を過ぎて振り返っても、言葉の端々に深い苦悩や動揺がにじむ。語られた内容を分析している嶽本氏も、「思い出したくない経験を吐露しているからか、それまでの受け答えはしっかりしていたのに、このときの語りは意味を把握するのが難しいほど錯綜しています」と指摘する。

ちなみに、その当時の中絶や不妊手術はどのように行われていたのだろうか。シンガポールの医療事情は不明だが、日本の明治期などの手法を参考までに紹介する。

江戸時代の中絶方法を調べた中央社会事業協会社会事業研究所編『堕胎間引きの研究』（一九三六年）によると、堕胎は平安時代から行われ、江戸時代にさかんになった。江戸期の方法は①薬を飲む②機械的方法（施術）の二種類があり、薬は毒薬を飲ませて中毒症状を起こさせるというもので、「月水早流し」などの名称で民間で売買されていた。施術は、腹部に強い振動を加える、腹部を圧迫する、子宮に棒状のものを差し込む、といった方法だった。

論文「同意堕胎罪・業務上堕胎罪における母体への『同意傷害』」（田中圭二、一九九四年）によると、明治期も江戸期に続き薬が使われたが、効果が薄かったため、手術が主流だった。薬の成分は不明だが、下剤または中毒薬で、なんらかの草や根など、ある種の有毒菌類だったとされる。手術は、子宮口からカテーテルなどを挿入して子宮内膜から卵膜をはく離させて陣痛を起こし、排出させる方法が主に用いられていた。医師以外の者が手術をすることもあったという。薬の場合は中毒によって、手術は消毒法が十分でない中で母体を損傷するため、死に至る可能性は十分あったといい、いずれも命の危険をともなう方法だったと言えるだろう。

シンガポールのからゆきさんが「避妊のために薬を飲んでいた」という証言もある。現地で亡くなったからゆきさんが葬られているシンガポール日本人墓地公園で長年ガイドをしているという女性が、活動を紹介する動画で、現地の元からゆきさんから聞いた話として、「避妊のために薬を飲み、体を悪くして若くして亡くなる女性がいた。若くして亡くなったのは自殺じゃない。自殺をする自由もなかった」と明かしている。

日本では現在でも中絶方法としては手術が主流（経口避妊薬が二〇二三年四月に承認されたが、処方は一部医療機関にとどまる）で、母体への負担が大きいと指摘されているが、明治期の中絶の危険性はもちろんその比ではなく、命がけだった。シンガポールでも避妊などのために薬が用いられて死に至った女性がいたとみられ、中絶・避妊が女性の心身へ及ぼす影響は非常に大きかった。春代は命は助かったものの、インタビューで動揺した様子がみられることから、晩年まで心の傷はいえなかったようだ。

別れと帰国

フォックスは春代を残し、一九一四年に始まった第一次世界大戦に出征する。

フォックスは、「自分は戦争で死ぬかもしれないから」と春代に日本に帰るよう促したが、春代は「働いてもっとお金を稼ごう」とシンガポールに残った。二六歳頃、フォックスから得た資金などでゴム園を購入し、中国人らを雇って運営する。その儲けを元手に、三〇代半ばでホテルを建て、経営に乗りだす。嶽本氏が指摘するとおり、シンガポールなどでの日本人の活動についてまとめた『南洋の五十年　シンガポールを中心に同胞活躍』（南洋乃日本人社編、一九三八年）の人名録には春代の実名が記載され、ホテルを経営していたとの記録が残っている。

事業者として成功を果たした春代だが、恋愛小説のようなエピソードも明かしている。「三十代まできれいだった」という春代は、フォックスがいない間に日本人男性から熱心に言いよられたという。仲立ちからしつこく迫られて断り切れず、「フォックスが戦争から帰ってきたら別れてもよい」と言われて、その男性の「内縁の妻」になったが、数カ月後にフォックスが生還する。約束どおりその男性と別れ、ふたたびフォックスと暮らし始めるが、男性との関係を知ったフォックスから突然別れを告げられる。フォックスはイギリスに帰国する。春代は、その帰国の前夜にフォックスから、「戦争中、敵兵と一騎打ちとなった場面で春代の姿が見え、導かれて敵兵に勝つことができた。春代ともう一度暮らすことが夢だった」と言われたと語る。

ひとりになった後もホテル経営は順調だったが、太平洋戦争の開戦を機に客が減り、閉鎖を余儀なくされる。そして戦中、シンガポールなど東南アジアに住む日本人は、イギリスによってインドに抑留された。春代も「インドのキャンプ（収容所）にいた」と語っている。

春代は、終戦後の一九四六年頃にインドから帰国した。先述の宮崎康平の未完の小説『からゆきさん物語』で妻・和子さん執筆のあとがき（『からゆきさん物語』の出版にあたって）によると、ホテル経営で得た財産を宝石に換えて引揚船に乗ったが、その後だまされてほぼすべてを失ったと明かしている。帰国後は島原で近所の子どもの面倒を見るなどしてわずかな収入を得て、亡くなった妹の子どもを育てたという。

以上が、主にテープで語られた「からゆきさん」の声の概要だ。

春代の最晩年の様子はよくわかっていない。春代の墓に刻まれた没年によると、インタビューから六年後、八〇歳頃、その生涯を閉じた。

春代は最期の時、何を思ったのだろうか。

「醜業婦」と呼ばれて

ここまで、肉声テープに残された春代の語りから、春代がいかに生きたかをたどってきた。では春代の出身地・島原では、「からゆきさん」がどのように捉えられ、時代によってその捉え方はどう変遷していったのだろうか。私は当時の人々の話を聞くため、二〇二一年一〇月、島原へ向かった。

約六〇年前に収録したテープに登場する人物が今も島原市で暮らしている。先述した作家・

宮崎康平の妻、和子さん（九二歳）だ。

宮崎夫妻を一躍有名にしたのは、『まぼろしの邪馬台国』（一九六七年）という著書だ。失明した康平を和子さんが支え、邪馬台国があったという場所を探し求めて九州中を訪ね歩き、一冊にまとめた。邪馬台国論争ブームの火付け役となり、第一回吉川英治文化賞を夫妻で受賞。二〇〇八年には堤幸彦監督、吉永小百合、竹中直人主演で映画化された。

朝鮮で生まれ、中国で育った和子さんは、日本に帰国後、ＮＨＫ福岡放送劇団員をしていたときに康平と出会い、一九五六年に島原市に移り住み、一九五八年に結婚した。小説を書く際には、康平が口述する内容を和子さんが書き取り、原稿に清書して仕上げていた。まさに二人三脚の作家人生で、未完のからゆきさんの小説にも和子さんは大きく関わっている。

和子さんは当時のことをしっかりした口調で語り始めた。

約六〇年前のある日、康平の秘書のような役割をしていた男性が、「すごいからゆきさんを見つけましたよ」と伝えてきた。男性の話では、春代が役所の福祉の窓口に通っては、「海外の金融機関に預けた金が引き出せない」「持ち帰った宝石も安く買いたたかれた」などと不満を訴えていたことから、噂が広まっていたようだ。

からゆきさんの小説を書きたいと以前から考えていたという康平は、話を聞くため春代を自宅に招いた。一九一七年生まれの康平は幼い頃、鉄道技師の父の仕事の関係で南方のスマトラ島で暮らしていた。一家は第一次世界大戦後に帰国したが、和子さんによると、後に母から南方の暮らしや現地のからゆきさんについて聞かされたことが心に強く残っていたようだ。

「康平の両親は南方に行くとき、行李いっぱいの着物を持っていって、からゆきさんに売ったそうですよ。そんな話を聞いて自然と関心を持っていたんじゃないでしょうか」

また、島原に戻ってからも、からゆきさんを意識する環境で育った。中学の同級生がからゆきさんと外国人との間の子であったり、英語の教師が、からゆきさんの夫として島原にやってきた外国人だったりした。康平は、「自分にしかからゆきさんは書けない、絶対書く」と和子さんに語っていたという。

そんな康平でさえ、からゆきさんの証言をじっくり聞くという機会はそれまで得られていなかった。

「私が島原に来たのは一九五六年でしたが、その頃は『醜業婦』と呼ばれていて、非常に恥ずかしい存在ととらえられていました。だから隠す人も多かった。そんななかで、春代さんは、運良く巡りあえた人だったと思います」

夜を徹してのインタビュー

春代が宮﨑家を訪れたのは一九六一年の夏頃。自宅二階の部屋で長時間、テープに録音しながら話を聞いた。

康平が春代へのインタビューを元に書き残した未完の小説は、二〇〇八年に和子さんの手で

『からゆきさん物語』として出版される。和子さんはそのあとがきで、インタビュー時の春代の様子をこう振り返っている。

「上背があり、がっしりとした体格」「若い頃は彫りの深いエキゾチックな顔立ちだったかと思われた」「ウィスキーをウェスケ、労働者をワーカーなどと、シンガポール仕込みの英語がポンポン飛び出す」。シンガポールでの暮らしを思い起こせるよう、和子さんたちが準備したコーヒーやバナナ、ウィスキーを口にしながら、夜を徹して語ったという。

　和子さんにあらためて当時の春代の印象を聞いた。

「豪胆な人という印象でした。並の女性じゃなかったですね」。インタビューは、康平が聞き役で、和子さんがメモを取り、途中から録音機で記録した。もともと聞き上手な康平だったが、「相手の職業をおとしめたり、傷つけたりするようなことは絶対に言わないよう、気をつけていました」

　春代は「おかしかバッテン、だんなさま」「聞かせらるる話じゃなかバッテ」などと言いながら、娼婦時代のことを中心に、驚くほど詳細に明かしたという。

　和子さんの印象に残ったのは、シンガポールに到着し、地獄のような船底から糞まみれで這い出し、ムシロをかぶって娼館まで這っていく場面だった。

「体験した人じゃないと語れない生々しい話ですよね。鳥肌が立ちました」

　私が和子さんに感想を聞いてみたかったのは、娼婦時代、何人も客をとった時、陰部にワセリンを塗って痛みをしのいだというエピソードだ。塗ったものが「ワセリン」であることを康平がすぐにわからなかった際、それまでほとんど口を挟まなかった和子さんが「ワセリンですね」と助け舟を出していた。

あのときどう感じたのだろうか。和子さんの表情が曇った。

「すさまじいですよね。ショックを受けました。こんなに体を張って生きていかなきゃならない人もいたんだと思ったら……。女性にしかわからない痛みっていうのはありますよね、本当に……」

こうして二回にわたるインタビューを終えた直後から、康平は執筆にとりかかった。近所に住むシンガポール帰りの人たちにも取材しながら、第四部まで一気に進めた。目の不自由な康平にかわり、夜に康平が口述するのを和子さんが書き取り、清書して読み聞かせては修正を加え、仕上げていった。

からゆきさんの墓へ

ところが、小説は完成しなかった。康平が途中で、『まぼろしの邪馬台国』に取りかかったためだ。吉川英治文化賞の受賞などで多忙を極めるうち、康平は一九八〇年に脳卒中（脳血管疾患）で亡くなってしまう。

型破りで、ひとつのことに熱中しやすいタイプだったとはいえ、康平があれほど熱心に取り

春代のインタビューに立ち会った宮崎和子さん。（長崎県島原市で、2021年、著者撮影）

組んでいたからゆきさんの小説の執筆をなぜ途中でやめたのか、和子さんは釈然としなかった。しかし、悩んだ末、「このままにしておくのはもったいない」と、未完の小説を二〇〇八年に上梓した。

「康平はからゆきさんの歴史が後世に伝わるよう、からゆきさんの着物などの遺品をわざわざ買いとって地元の資料館に寄贈していました。思い入れは強かったと思います。本に残しておけば誰かの目に触れ、歴史を伝える役目を果たすことがあるだろうと考えました」

和子さんは、康平が亡くなった数年後、シンガポールを訪れている。「春代から聞いたシンガポールの町をどうしても自分の目で確かめてみたい」と思っていたところ、団体旅行の話があり、妹と申しこんだのだった。

到着して真っ先に向かったのは、明治期の

日本人墓地だった。現在は「日本人墓地公園」となっている。シンガポール日本人会のホームページによると、そこは娼館やゴム園の経営で成功をおさめた男性が、病などで亡くなった日本人娼婦を自身の所有する土地で弔ったのが始まりで、一八九一年にイギリスの植民地政府から日本人共有墓地として使用する許可を得た。主に戦前に日本から渡ったからゆきさんら在留邦人や、太平洋戦争で亡くなったり、戦犯として処刑されたりした日本人兵士がまつられている。新聞社員としてロシアに赴任し、その帰途で亡くなった二葉亭四迷の墓もある。

墓や墓標は太平洋戦争終了直後は約一三〇〇基を数えたが、木製の墓標は風雨で朽ちるなどし、現在は三万平方メートルの敷地に九一〇基が確認されている。そのうち、からゆきさんのものとみられる墓は約四〇〇基と半数近くも占める。

墓地は一九七三年に新たな埋葬が禁止され、一九八七年にはシンガポール政府から接収するとの通知があったが、日本大使館が交渉して賃貸としての使用継続が認められ、現在に至る。シンガポール日本人会が墓地の管理を続け、日本とシンガポールの関係史を伝える場所となっている。日本人会のホームページ上の動画では、からゆきさんの説明に多くの時間が割かれている。観光地としてガイドブックにも紹介され、最近では、ブーゲンビリアなど南洋の花が咲き誇るアーチがＳＮＳの映《ば》えスポットとしても人気だという。

日本人墓地はもともとの旅行の行程にはなかったが、和子さんは現地のガイドを雇って案内してもらった。

ボルネオ島にある「サンダカン八番娼館」のおかみが建てた墓碑。かたわらに、いくつかの小さいからゆきさんの墓標があった（マレーシア・サンダカン市で1992年、「毎日新聞」）

広大な敷地に、多くの墓が並んでいた。軍人らの墓は大きく立派なのに、からゆきさんとみられる女性たちの墓は棒状の石を置いただけの、粗末で小さなものが多かった。そこに刻まれていたのは、日本の出身地や女性の名前、「二〇歳」などの享年。若くして異国で亡くなった女性たちを思うと、悔しく、腹が立って仕方がなかった。

和子さんは、からゆきさんの痕跡を求め、古い地図を手に、日本人娼館があったとみられる通りの付近も歩いてみた。往時のにぎやかな雰囲気はなく、廃れた下町のようだった。春代の証言を直接聞いた和子さんにとって、からゆきさんは特別な存在だったのだろう。この墓地を訪れた経験も、後に原稿を世に発表して残そうという行動につながったのかもしれない。

春代のからゆきさんとしての半生

ここで、ひとつの疑問がわく。和子さんの言うとおり、約六〇年前、からゆきさんだった過去を多くの女性が隠していたとすれば、このテープで、春代はなぜあれほど赤裸々に語ったのだろうか。

和子さんは、ひとつには春代が自分の生涯に自信や誇りを持っていたからだろう、とみている。つまり、春代には娼婦としてのつらく苦しい過去はあったものの、それは身請けされるまでの一年半のことで、その後は自ら事業を始め、ホテルを経営するまでになったという成功体験もある。日本に帰ってからは財産をほとんど失ったものの、それまでの人生を振り返った時、自分の意思で道を切り開いてきたという自負はきっと大きかっただろう、というのだ。

これについて、テープを託されて音声を聞いた内嶋さんも同じような感想を抱いている。内嶋さんは密航船での悲惨なエピソードを、春代が「朗々と語っている」と受け止めた。たしかに、「地獄」のような体験を明かして、「もう、泣くにゃ泣く」ともらす場面では感情が高ぶっているように聞こえたが、全体として悲嘆にくれるという雰囲気というよりは、どこか飄々として、達観したような語り口だと私も感じた。

なぜか。内嶋さんは、「悲惨なことだけを経験している人が語るつらさと、その後の人生で一度は成功を収めた人が語るつらさは違うのではないか」と分析する。春代は先述のとおり、事業に成功し、華やかな時代も長かった。だからあのような語り方になったのだろうというのだ。

明治初期に生まれた女性で、必要に迫られた選択とはいえ海外に渡ると決意し、自らの才覚と努力で財を成したという生き方はごくまれだろう。現代においてすら、そう多くはないはずだ。和子さんや内嶋さんが指摘するとおり、春代自身が人生を肯定的に捉えている部分があったからこそ、洗いざらい語ったのだろう。人生の最終盤を迎え、自分の歩みを誰かに聞いてもらいたい、という思いもあったのかもしれない。

帰って来たからゆきさん

ここからは、からゆきさんが故郷でどのように捉えられてきたかを考えてみたい。私が取材した範囲ではあるが、当地の人々の話などを総合すると、大きく次のような流れがあるようだ。

明治期から太平洋戦争の前までは、からゆきさんは地元では比較的オープンに語られることもあったようだ。和子さんによると、「大金を稼いで親に送って家を建てさせてあげた」『きれいに着飾って時々里帰りしていた」といったエピソードとともに、華やかで羨望を集めることもあった。彼女らに憧れを抱き、自らもからゆきさんになった女の子もいたという。

内嶋さんは、「外貨を獲得し、貧しかった島原地方にお金をもたらしたため、戦前のある時期はヒロインのような扱いだったようだ」と話す。

少女たちがからゆきさんに憧れたという点は、一面では事実だろうと思うが、注意が必要だと考える。確かに、次章で紹介する「パンパン」でも、特定の米兵と関係を持つ「オンリー」が、経済的に恵まれてきれいに着飾り、物資も豊富に得ていたことから、少女たちに憧れの目で見られたという証言がある。きれいで華やかな女性に、多感な少女が惹《ひ》かれることはあったかもしれない。しかし、現実には海外に渡ったからゆきさんで成功した者はごくわずかだろう。むしろ若くして亡くなり、帰ってこられなかった女性が多かった。それは日本人墓地の粗末な墓を見てもうかがえる。そんな厳しい現実が、地元で知られていなかったわけでもないだろう。だとすれば、女衒を含めた大人たちが少女たちに向けて、からゆきさんのプラス面や功績を強調し、「自分も行きたい」「行かなければ」と思わせるよう差し向けていた可能性は、他の売春や過重労働の場合と同様、当然考えられる。

いずれにしても、からゆきさんにたいする見方は、太平洋戦争後、からゆきさんが外地から引き揚げてくる頃には、変化していた。後にその活動は詳しく紹介するが、島原市の元教育長、宮﨑金助さん（八一歳）は終戦直後、子どもたちが道ばたで遭遇した元からゆきさんの女性に対し、「淫売」という言葉を投げかけていたことをよく覚えている。そう言われた女性は、顔を隠すようにしてその場から走り去っていった。金助さんは、「（子どもたちは）大人が陰口を言っていたのを聞いていたのでしょうね。はっきり言わなくても、差別的な目線が子どもにも伝わり、残酷なことをさせていたのだと思います」と振り返る。戦後の混乱によって、財産を持って引き揚げた人は少なかったとみられ、〝お金をもたらすヒロイン像〟が崩れたことが影響していたのだろうか。

和子さんが島原で暮らし始めた一九五六年、つまり戦後一〇年頃にはからゆきさんは「隠すべき存在」として扱われていた。一九五二年生まれの内嶋さんは物心ついた頃から、からゆきさんに対する地元の人たちの忌み嫌うような雰囲気を感じながら育ったと明かす。「近所の××さん宅に元からゆきさんがおらした」などと大人たちがひそひそと話し合うのを、何度も聞いたことがあるという。康平が春代のインタビューをした（一九六一年）のもちょうどこの頃だ。

テープでは、康平がこうした状況のなかでインタビュー内容をもとに「作品」にすれば春代に迷惑がかかると懸念したのか、「聞いた話を小説にしてもいいか」と春代に意向を確認している声もある。

「島原の子守唄」

ただその後、「からゆきさん」の存在が公にされてこなかった、というわけではない。康平の「宮崎耿平採譜・補作」として発売された「島原の子守唄」のレコード（島倉千代子が歌い、一九五八年に日本コロムビアから発売。日本音楽著作権協会には作詞者・宮崎一章と登録）には、「からゆきさん」の言葉こそ出てこないが、歌詞にはからゆきさんのことが描かれている。島原市は一九八八年以降、この曲を市内で時報代わりに流しており、多くの人に親しまれてきた。レ

島原駅に立つ、歌詞にからゆきさんが描かれている「島原の子守唄」の像。歌は市民に親しまれている（著者撮影）

コードのライナーによれば、

「姉しゃんな　何処《どこ》行たろかい／姉しゃんな何処行たろかい／青煙突の　バッタンフール／唐は何処ん在所《ぬけ》　唐は何処ん在所／海の涯ばよ」

「青煙突のバッタンフール」とは、外国船のことを指し、「船に乗せられ海の果てに行ったからゆきさん」という意味だ。次のような歌詞もある。

「彼所《あすこ》ん人《ふと》は二個《ふたち》も／彼所ん人は二個も／純《き》金《ん》の指輪《ゆびがね》はめとらす」

これは、からゆきさんが娼館で働いた後に日本に帰り、裕福な暮らしをしていることを示しているとされる。

　からゆきさんが密航するため石炭の運搬船に乗りこんだという南島原市口之津にある市立の歴史民俗資料館には、日本で唯一とされる、からゆきさんに関する展示コーナーがあり、からゆきさんの着物や、持ち帰った宝石類など数点が並べられている。展示の説明には、「島原・天草地方の貧しい農家や漁村の女性達が海外渡航船の船底に隠され中国、東アジア及び東南アジア各国に密航させられる悲劇が起きた」と書かれている。

「悲劇」にあった女性として公的に存在が認められても、住民の間でからゆきさんをタブー視する風潮は現在まで続いている。宮﨑金助さんによると、からゆきさんらの寄進で島原市内の寺に建てられた、後述する「天如塔」が、二〇〇一年に市指定有形文化財に登録された際には、議論のなかで、「地元の恥を文化財にするのはいかがなものか」という慎重意見もあったという。また、内嶋さんは、「現在八〇代から九〇代の人たちはからゆきさんについてのエピソードをたくさん知っているが、『自分には聞いてくれるな』と言って、話そうとしない」と語る。つい二年ほど前にも、知り合いの市の元職員に話をしてくれるよう頼んだが、断られたという。その意識は、からゆきさんを直接知る世代には根深いものがあるといっていいだろう。しかし、後述するように、現在、からゆきさんの存在を後世に伝えようとする動きも少しずつだが出てきている。

唯一のからゆきさん遺跡「天如塔」

目の覚めるような鮮やかなブルーの塔の内階段を一番上までのぼると、島原の町が一望できた。島原市内には、からゆきさんに関する唯一の遺跡といわれる「天如塔」という高さ一一メートルの建物がある（P・53）。一九〇九年、おもにからゆきさんたちの寄進で建設されたものだ。

天如塔がある理性院大師堂は、廣田言証（一八五二―一九二八）によって開かれた寺院。岡山県出身の廣田は四〇歳で商売に失敗し、難病を患うが、四国八八カ所を巡礼して病を克服したという。出家して一八九五年に大師堂を開く。一九〇六年にインドへ巡礼に行き、道中で東南アジアのからゆきさんたちと出会う。大師堂には、廣田がからゆきさんたちと撮影した集合写真が多数残り、交流を深めた様子がみてとれる。

その交流がきっかけで、天如塔を建てるときまった時、からゆきさんたちはこぞって寄進をするようになった。天如塔の周囲には、「金五円　ラングーン」「金七円　ビルマ」「金六円　シンガッポウ」など、寄進者の国と名前、金額が刻まれた石垣がいくつも並ぶ。からゆきさんとみられる女性の名前が多い。異国の地でつらい仕事をしながらも、せめて故郷の役に立ちたい、という気持ちが強かったのか、亡くなった仲間のことを思ってのことか。塔は次第に老朽化し、倒壊の恐れもあった。約九年前、それを危惧して動きだしたのが先述した宮崎金助さんだ。高校教師だった宮崎さんは校長を退職した後、島原市の教育委員、教育長を務めた。

宮崎さんが天如塔にこだわるのは、からゆきさんの歴史を伝えるものを残したいという思いからだ。それは、終戦直後、子どもたちが帰国したからゆきさんに「淫売」という言葉を投げ

天如塔の周囲には、寄進額や、寄進者、在住の国が刻まれた石垣が並ぶ（著者撮影）

からゆきさんたちの寄進で建立された天如塔（著者撮影）

かけていたという差別の記憶とつながっている。

終戦後に引き揚げてきたからゆきさんは、島原に戻ってからも働く場所が見つからず苦労していたという。「島原にも船員たちが通う遊廓のような色街があったんですが、元からゆきさんは、そこで働くようになった人が多かったようです。結婚することも難しかったと聞いています」

宮﨑さんは二〇一三年に天如塔の修繕をするための委員会を発足させ、全国から費用を募った。からゆきさんの歴史を伝える講演も熱心に行った。県・市からの補助金を含めて八〇〇〇万円が集まり、翌一四年に工事を行い、完成した。

「感無量でした。子どもの頃に見た、逃げるように走り去る女性の姿がずっと忘れられませんでした。少しはからゆきさんたちのために役に立つことができたかなあという思いでした」。

「からゆきさんは近代日本の礎《いしずえ》を築いた、島原の歴史の象徴。記憶にとどめておいてほしい」と願う宮崎さん。

「からゆきさんを生んだのは貧困でした。今も貧困の問題はなくなっていません。現代への教訓とするならば、格差のない社会になってほしいということですね」

新型コロナウイルス禍を経験した今、貧困や格差はいままさに現代に生きるわれわれが直面している課題と言えるかもしれない。

実像と変化

森崎和江のノンフィクション『からゆきさん』では、「悲惨でもの悲しい」からゆきさん像にとどまらない、たくましい女性の姿についても言及している。『からゆきさん』は、朝鮮に渡って娼館で働き、日本に戻った後に精神を病んだ「おキミ」という女性や、インドで事業に成功したものの、日本に帰国後に娘が駆け落ちをするなどしてひとりぼっちになり、自殺したおヨシという女性らの人生を紹介し、明治期の新聞の記事などを調べてからゆきさんが生まれた背景について考察を深めている。森崎はそのなかで、おキミのように娼婦だった過去がトラウマになり、精神を病んだ女性がいる一方で、天草で偶然会った女性が、「南洋でおなごのしごとをした」とあっけらかんと娼婦だったと明かしたことにギャップを感じたとし、戦前と戦後でからゆきさんの捉え方が変わった可能性を指摘している。これは先ほどみてきた、島原でのからゆきさんに対する意識の変遷とも一致している。

さらに森崎は、明治期の新聞記事に、からゆきさんを「密航婦」と書いているものが多いのは、「海のむこうへゆけばいい金もうけがあるとさそわれ、欲にくらんで船の中にひそんだ女」という、記者のさげすみの視線があると感じ取る。そして「今日の価値基準だけで、ただその一本の柱だけで、からゆきさんをみるとするなら、わたしたちは『密航婦』と名づけた新聞記者のあやまちをくりかえすことになるかもしれない」と指摘する。

テープの声の春代の生涯を知れば知るほど、森崎の視点は重要だと感じる。

春代というからゆきさんの人生は、娼婦としての悲惨な体験もあったが、事業に成功し華やかだった時期も長かった。そうしたからゆきさんの成功に憧れた少女たちもいた。

一方で、苛酷な環境下で働くことで、精神的にも追いつめられ、日本に帰国できないまま若くして命を落としたからゆきさんも少なくない。前述のジェームズ・フランシス・ワレン『阿姑とからゆきさん』では、心を病んで自殺した日本人娼婦の記録が紹介されている。同書のシンガポールの検視官の資料によれば、二一～三九歳の日本人娼婦五人が、一九〇〇年～一九一六年の間に、「トラウマ後のストレス」や「負債」「病気」「劣等感か自己嫌悪」「娼館主との諍い」でうつ病などになり、自殺した。ジェームズ・フランシス・ワレンは、二一歳の娼婦は唯一の精神的な支えだった親友を失い、孤独と絶望感に陥ったこと、三九歳の娼婦はとかく外見で評価される娼館の世界で、高齢になって容貌が衰え、病魔にむしばまれたことが、それぞれ自殺のきっかけだったと指摘している。

それでも、ただ「かわいそうな女性たち」としてのみ捉えることもまた、彼女たちの本当の姿を見逃すことになるかもしれない。現地の取材などから、多様で複雑な姿をそのまま受け入れる視点も大切にしたいと感じた。

なお、先にも触れたように、からゆきさんはそもそも、明治維新以降、広く海外に出稼ぎに出るようになった人々のことを指し、必ずしも「女性」や「売春業」だけを意味する言葉ではなく、それ以外の仕事の男性も含まれていた。男性の場合は「からゆきどん」と呼ぶこともあったという。

前掲の森崎の『からゆきさん』によれば、島原や天草では、シベリア鉄道の建設工事にあたったり、アメリカの農業労働者になったりした人たちもからゆきさんに含まれていた。時代がくだり、前掲『サンダカン八番娼館』やその映画化などで、娼婦としてのからゆきさんがクローズアップされることによって、「からゆきさん＝海外で働く娼婦」のイメージが世間に広がっていったとみられる。娼婦をテーマにした本書でも、原則それを指して使っているが、明治政府が推進した移民政策とも密接に関係していた存在であるという点も、あらためて確認しておきたい。

〝娼婦は必要〟

ここで、視点を変え、国の政策との関わりで捉えてみたい。

前述したとおり、からゆきさんが生まれた背景には、主に土地特有の貧困と女性の地位の低さがあった。しかし、それに加えて忘れてはならないのは、日本の植民地主義の影響だ。当時、人口急増を背景に明治政府は積極的に移民政策を推し進めていた。前掲の嶽本氏の『「からゆきさん」――海外〈出稼ぎ〉女性の近代』によると、福沢諭吉も一八九六年、自身の新聞（「時事新報」）の社説で「海外の移植地に娼婦の必要なるは、右の事実に徴するも甚だ明白にして、婦人の出稼は人民の移住と是非とも相伴ふ可きものなれば、寧ろ公然許可するこそ得策なれ」と主張している。外地に進出する日本人男性にたいして、性的な慰安が必要だという考えだ。「男女同権」を唱えたことでも知られる福沢だが、この主張を見る限り、性的な慰安を担う娼婦については、一種の必要悪として、その存在を認め、むしろ推進している。こうした性的慰安が社会の安寧や治安維持のために「必要」だとする考え方は、公娼制度や終戦後の米兵への対策や、現在まで根強く残っている。

一方で、明治期以降、公娼制度を廃止すべきだという「廃娼運動」がキリスト教関係者を中心に活発になった。しかし、嶽本氏の前掲書によると、彼らは「一夫一婦制」を旨とする西欧の性規範を取り入れて娼婦を「醜業婦」と呼び、とくに海外売春婦を「金銭目的で自ら外国に渡り、外国人に性を安売りしている」と敵視した。売春する人々を差別視している点では福沢らと変わらない。

「醜業婦」とは、かなりきつい表現で、差別的だと感じる。宮崎和子さんも言及していたが、明治期だけでなく、昭和に入っても「醜業婦」という言葉は使われていたようだ。

この蔑視はなぜ生まれたのだろうか。からゆきさんの研究を続ける嶽本氏は、からゆきさんが自ら海外に性を売りにいった、という一面的な見方が影響しているとみる。

嶽本氏の見方では、近世社会では娼妓奉公をしていた女性も奉公を終えれば結婚し家に入るという経路がある程度確保されており、西洋のような娼婦へのスティグマ化（負のレッテル張り）はさほど見られなかったとされる。しかし、明治に入り近代化が進むに従い、廃娼運動などをきっかけに娼婦に対して「自ら性を売る女性」という見方が広がり、かえって差別や蔑視が強まったという。嶽本氏は「実際はからゆきさんのあり方は多様で、『人身売買』と『出稼ぎ』との境界はそもそも明確に区別できるものではなかったにもかかわらず、その実態が顧みられることはなく、一面的な批判が続いた」と指摘する。さらに差別や蔑視をしたのは男性だけでなく、母や妻の立場にある女性も含まれていたというのだ。娼婦が同じ女性からもさげすまれていたという点は注目しておきたい。

とはいえ、「外貨を稼いだから」という経済的な理由でからゆきさんを評価する見方も一面的であり、十分でないと考える。役に立ったか、立っていないか、という判断基準はともかくすると役に立たなかった者を排除する危うさを抱えているし、その基準では包摂できないほどからゆきさんのあり方は多様だからだ。稼げないまま亡くなってしまった女性たちも含め、どのような事情や結果であれ、海外で必死に生き抜こうとした女性たちがいた、という事実を忘れてはならないと強く思う。

記憶を語り継ぐ

ここまで、春代の肉声テープの内容と、からゆきさんが生まれた背景、からゆきさんへの世間のまなざしがどのようなものかを見てきた。多くのからゆきさんが体験を語ることは難しく、地域も「恥ずかしい過去」として積極的に明かそうとしてこなかったのが実情である。

そんななかで、消えゆくからゆきさんの記憶を次の世代へ語り継ごうとする人たちがいる。宮﨑康平の妻・和子さんからテープを託された、前出の内嶋善之助さんだ。

内嶋さんは島原生まれの島原育ち。地元の高校を出て島原市職員になり、音響技師をしたり、公民館や選挙管理委員会などで働いた。三〇歳を過ぎた頃、地元の仲間と演劇を始める。以来、一九九一年の雲仙普賢岳の火砕流などをテーマにした舞台や朗読劇など数多くの創作を手掛けた。二〇一三年に市職員を定年退職した後も、演出や脚本家、役者として精力的に活動している。

内嶋さんが最初に録音テープの存在を宮﨑和子さんから聞かされたのは、二〇一〇年の秋だった。その年の一二月、康平の未完の小説『からゆきさん物語』を島原市が市政七〇周年記念で舞台化した。内嶋さんはその脚色と演出と舞台監督を務めており、当時は準備に多忙を極めていた。この舞台はからゆきさんがシンガポールへ向かう船に乗るまでを描いたもので、その後の苛酷なエピソードは盛り込まれていなかったという。

年が明けて二〇一一年一月、旧知の内嶋さんを自宅に招いた和子さんは、古いオープンリールのテープ七巻を見せて小説の基となったインタビューの録音テープだと説明し、今後の扱いについて相談した。

「ぎょっとしましたね。何十年も前に録音したものが残ってるなんて」

内嶋さんは「何としても聴かせてほしい」と和子さんから預かった。古いテープだったため、昔の機器を修理したうえで再生し、数ヵ月かけて音声を調整した。そこでようやく聴き取れる状態になり、CD化したという。その作業をしながら内嶋さんが思いついたのは、録音された宮崎と春代のやりとりを戯曲にすることだった。

『からゆきさん物語』の舞台化などを通じ、歴史的経緯は頭に入っていたという内嶋さん。ただ前述したとおり、からゆきさんを忌み嫌う雰囲気を感じて育ったことから、どういう表現をしたらいいいか、迷いがあった。そんな時、テープを何度も聴くうちにからゆきさんの具体的な生き様が「わーっと浮かんできた」という。

ようやく聴き取れるようになった音声を、ひたすら聴き続けメモをとった。人が語る内容なので、時期は前後するし、話題はあちこちに飛ぶ。一連の流れを捉えるまでに半年以上かかったという。そこから、一本の戯曲にしようとしたが、構想がなかなかまとまらず、二〇一九年一一月の完成までに約九年を要した。

その『戯曲　珈琲とバナナとウイスキー』は、インタビューの内容をなるべく忠実に再現した。時系列を整理し、方言も可能な限りそのままにした。朗読劇として披露する予定だったが（演劇として上演するには役者が揃わなかったので）、新型コロナ禍の影響などで中止となり、二〇二一年一〇月、ようやく上演にこぎつけた。

私は、気になっていた疑問をぶつけてみた。それは、戯曲のなかでインドでの収容所生活や日本へ引き揚げたことへの言及が少ないことだ。内嶋さんは言う。

「一二時間のテープのなかでも、あまり触れられていません。引き揚げの時に将校が同行した、とか、インドのどこどこに行って、といった簡単な説明はあるんですけど、抑留されてからの四、五年のことは長くは語っていないんです。これは推測ですが、あまり語りたくなかったのではないかと思います。春代さんがいちばん語りたかったのは、自分がもっとも輝いていた時のことだったように思います」

日本に帰ってからの春代は、生活は楽ではなかったようだ。先に触れたように、妹の子どもを育てながら、子守の仕事を続けていた。テープでは、宝石に替えて持って帰った財産を安く買いたたかれた上、海外の金融機関に預けていたはずの資産も引き出せなくなっていたと不満を語っている。一方で繰り返しこうも述べていた。

「（福祉の制度を利用して）国からお金をもらうようなことはしたくない」

春代は、自身の才覚で築いた財産をほぼ失い、「日本に裏切られた」と感じていたのだろうか。他のからゆきさんと同じように、島原に戻ってから、差別的な扱いを受けたかもしれない。それでも、「国の世話になりたくない」という気持ちは晩年まで捨てなかった。

春代の強さに敬意を表するが、その一方で、国の植民地政策の影響もあって海外でこれだけ苦労を重ねてきた女性が、報われぬ晩年を迎えたということに怒りを感じた。

からゆきさんの歌

「八年の間に、子どもは生まれんやったですか？」

「それが、あっとですたい、一人。……四カ月でございましたよ」

二〇二一年一〇月二四日、島原市の中心部にある島原文化会館で、春代の音声テープを基にした朗読劇が上演された。暗闇のなか、青やオレンジなど場面ごとに変わるわずかな照明が壇上の二人を浮かび上がらせていた。春代役の女性と、質問をしていく宮崎康平役の内嶋さんだ。主に二人のやりとりで、春代が海を渡って娼婦となった時の苦労、英国人に身請けされた後の妊娠・中絶のほか、英国人との別れや再会が描かれる。

劇中で、内嶋さんは一度だけ肉声テープを再生した。康平が「私は南方へ行ってきた関係上、思うが、日本人が東南アジアへ行って、そこで第一線に出たのは、日本の女子じゃもん」といって、自作の歌を歌って春代さんをねぎらう場面だ。

ランタンともる館の窓に　映るオオムの影さえ哀し
ああ、日本のからゆきさん、海を隔てて幾百里、歌う故郷の子守唄

康平の歌声を聞き、春代はしみじみした声でこう答える。

〈あー、どうしましょ。先生の歌を聞いたなら思い出して、涙が出るばい……〉

会場には一〇〇人余りが集まり、女性の姿が目立った。少ないが一〇代から二〇代の若者もいた。四〇代の女性は、「衝撃的でした……あそこまでつらい思いをしてたなんて」と声を詰まらせた。和子さんも言っていたが、生理など女性の体に特有の話が多いため、女性の方が痛みや苦しみを想像しやすく、感情移入した面があったのかもしれない。

内嶋さんは「予想以上にたくさん来てくれました」と興奮した様子で語り、こう続けた。

「宮崎康平さんがテープの中で語っていたとおり、日本の女性が明治から昭和にかけてたくさん海外に行って身を売って、外貨を稼ぎ、今の日本の礎を築いたということを忘れてはいけない。その事実を抜きに日本の歴史や、日本の今を語ってはいけないと思います。それなのに記録はほどんど残っていません。だからこそ演劇などの形で、からゆきさんの存在を語り継ぐこ

とができればと思っています」

内嶋さんはその後も朗読劇の上演を続けている。さらに、帰国を果たせぬまま現地で亡くなったからゆきさんたちの姿を描く作品を構想中だという。

春代の墓

現在、存命のからゆきさんはいないとみられ、関連資料もほとんど残されていない。からゆきさんは教育の機会がほとんどなく、読み書きができない人が多かったため、書き残すことすら困難だったと考えられている。

研究を続けてきた嶽本新奈氏は、調査の過程で、二〇一九年、島原に住む七〇代の女性から、からゆきさんとの思い出を聞いた。高校卒業後に就職したゴルフ場でいつも女性を気にかけて優しく接してくれる寮母さんがいた。親しくなったある日、寮母さんは自身がからゆきさんだったと明かし、スカートをまくり上げて太ももの付け根にあるやけどの痕を女性に見せた。やけどは、働いていた娼館の屋号が焼き付けられていたのを消そうとして、日本に帰る際に自ら塩酸をかけてできたものだった。寮母さんは、どんな思いでやけどの痕を見せたのだろう。心を許した若い女性に、自身の秘めた苦しい過去を打ち明け、生きた証を残したかったのだろうか、と私は感じた。

女性は嶽本氏に、「すでにその寮母さんも亡くなった。私が語らなければからゆきさんの記憶がなくなってしまう。地元の人に言ってもきちんと受け止めてくれなかったので、誰かに伝えたかった」と明かしたという。

嶽本氏は力を込める。「同じからゆきさんでも、その生き方はひとくくりにはできません。だまされて連れて行かれ、強制的に働かされた人もいれば、覚悟のうえで海を渡り、現地で成功を収めた人もいる。もちろんその逆もありえます。渡航の契機と現地での経験は一貫したものではなく、人によって様々だったということです。ただ、どんな経緯でも苛酷な体験をしたことは間違いなく、国家もその責任の一端を担っていた。その歴史を検証するためにも、からゆきさんの存在をなかったことにはせず、ひとりでも多くのからゆきさんの生き様を掘り起こし、後世に伝えたい」

たしかに、森崎和江、山崎朋子、ジェームズ・フランシス・ワレン氏らが著書で紹介したからゆきさんの事例や、春代の体験などを振り返っても、からゆきさんになった経緯、現地での環境、その後の人生、といった要素はそれぞれ異なることがわかる。そして、からゆきさんという存在をどう受け止めるか、という点も人によって、また時代や社会状況によって差がある。先述したように、私自身は、「搾取されたかわいそうな女性」と一面的な見方のみにとらわれず、森崎のように、多様で複雑な姿をそのまま受け入れる視点を大切にしたいと考えている。そのうえで、現代につながる問題として、背後にある貧困や家父長制、植民地主義を浮かび上がらせることが必要だろう。

一方で、体験を明かすことができたのはほんの一握りの女性というのも事実である。当事者から直接聞き取ることが難しい今、その体験を掘り起こすとすれば、たとえば先述のように体験を見聞きした地元の方々に、断片的にでもそれを語っていただくこと、それを記録に残すことがますます大切になるだろう。

内嶋さんが指摘したとおり、からゆきさんに関するいろいろなエピソードを知っていてもこれまで語ることのできなかった高齢者の方たちに、沈黙を破ってもらうにはどうすればいいか。ひとつのきっかけとして、朗読劇でからゆきさんの生涯を伝えた内嶋さん、天如塔の再建に取り組んだ宮﨑さんのような、地元の人たちの活動が考えられるかもしれない。活動が続くことによって、地元でも語ってもいい、語り継ぐべき事柄だという共感が広がり、からゆきさんの体験を見聞きした人が語り始めたり、記録に残したりする動きにつながればと願う。そして記者として、記録していくことに関わりたいと強く思う。「なかったこと」にしないために。

朗読劇の後、私は島原市内にある春代の墓を訪れた。墓石には春代の名のほか、両親や妹の名も刻まれていた。家族の生活を支えるために海を渡った春代。長い「旅」を終えて帰った日本で、死後、ようやく大切な人たちに再会できたのだろう。

私は手を合わせて、心のなかであの春代の声を思い浮かべながら語りかけた。

「本当に、本当にお疲れさまでした」

第2章　「パンパン」と呼ばれて

「キャッチ」され、嫌がる女性(左上)を抱きかかえるようにしてトラックに乗せる警察官ら　(1950年7月、「毎日新聞」)

街頭に立った女性たち

赤、黄、緑など原色の服に身を包んだ女性たちが、人通りの多い街頭で、男性に「私と遊ばない？」と声をかけたり、腕をからませたりする。交渉が成立すると、男性を廃墟などに連れこみ、体を売る。終戦直後、田村泰次郎の小説『肉体の門』（一九四七年）、そしてそれを映像化した作品（一九六四年鈴木清順監督、一九八八年五社英雄監督など）で描かれた「パンパン」の姿だ。現在でもテレビドラマなどで描かれる「パンパンガール」の姿も、多くはこれらの作品のイメージを継承している。

パンパンとは、終戦直後、街頭に立って占領軍の兵士らを相手に売春する女性を指す言葉である。この「パンパン」の由来については諸説あるが、有力とされているのは第一次世界大戦後に日本が統治した南洋諸島で、日本軍の兵士が現地の女性を買う時に、手を「パンパン」とたたいて呼んでいたから、という説だ。

映画では、戦争で肉親を失うなどした女性たちのグループが、焼け焦《こ》げたビルの地下で共同生活をする。「ただで体を売ったら罰を下す」というのが彼女たちのルールだ。「病気と妊娠はパン助の敵だからね」と自分たちの生き方についてあけすけに語り、団結して生き延びようともがく。

私が新聞記者となり、最初に赴任したのは広島だった。太平洋戦争末期の一九四五年八月六日、米軍が広島に原爆を投下し、その年だけで約一四万もの人が亡くなった。原爆の被害の大きさ、戦争の理不尽さを伝えるため、被爆者たちや当時を研究する人たちに取材を続けた。

ただ、広島にもいたであろう「売春した女性」に、直接出会ったことはなかった。取材に応じてくれた被爆者たちが、裏話としてその存在に触れる程度だったと思う。六歳の時に広島で被爆した中沢啓治氏による漫画『はだしのゲン』には、原爆で家族を失い、生活のために米兵に体を売っているという女性が描かれていた。

戦争の理不尽さを伝えるならば、彼女たちがどう生きたかということも取材し、記録したい。そう考え、ずっと気にかかっていた。戦後七五年という節目を迎えた二〇二〇年、「パンパン」について調べてみようと動きだした。

「性の防波堤」

まずは「パンパン」が誕生した経緯について記したい。終戦からわずか三日後の一九四五年八月一八日、内務省警保局長から各都道府県に、「外国軍駐屯地における慰安施設設置に関する内務省警保局長通牒」が出された。「日本人の保護」を目的に、占領軍の駐屯地に性的慰安施設を整備するよう促す通達で、これをきっかけに全国各地に設置されることになる。つまり、政府の指示で慰安所が作られたということだ。設置には各都道府県の警察が深く関与したケースが多い。

東京で主に慰安所設置を担ったのは、接客業者などでつくる特殊慰安施設協会《RAA》だった。協会は警視庁が業者側に呼びかけて発足し、資金は大蔵省が銀行を通じて融資した。

RAAは八月二七日に大森海岸に最初の慰安所として「小町園」を開設した。一九四五年九月三日の「毎日新聞」には、「急告　特別女子従業員募集」として、RAAによる求人広告が掲載されており、慰安所で働く女性を大々的に募っている（P・73）。この広告には「衣食住高給支給　前借ニモ応ズ」「地方ヨリノ応募者ニハ旅費ヲ支給ス」との条件は示されているが、具体的な仕事内容は書かれていない（旧字体の一部は新字体にした。以下同）。

『日本占領とジェンダー――米軍・売買春と日本女性たち』（平井和子、二〇一四年）によると、同時期に同じ広告が「静岡新聞」や「河北新報」、「信濃毎日新聞」、「新岩手日報」にも出ている。

平井氏が地方紙を確認したところ、RAAの募集は東京を中心に、東北地方、北関東、静岡県、長野県、石川県にまで及んでいたという。長野や東北地方に向けた広告では「応募上必要ナル旅行配給移動ニ特権アルハ勿論契約後ノ食糧其他生活ニ対シ充分ナル保証ヲ与フ」などの説明が加えられ、貧困を抱える農村出身者などを意識して呼びかけているとみられる。

こうした募集広告はおおむね一九四五年一二月まで続いたという。

RAAの傘下組織がなかった神奈川県では、警察部保安課が慰安所開設に乗りだした。『神奈川県警察史』には「多くの連合国軍将兵が日本に進駐することになったとき、もっとも大きな問題となったのは、いかにして善良な婦女子を守るか、ということであった」とあり、「性の防波堤」「特別挺身隊」といった記述もある。慰安所設置が、「善良な婦女子」を進駐軍による性被害から防ぐことが目的だったことがわかる。

横浜では九月三日に最初の慰安所が開設される。業者などを通じて娼妓《しょうぎ》を集め、設置場所の確保から布団などの備品の調達にまで警察が奔走した。先進事例として、後に他府県から視察に来るほどだったという。一九四五年末時点で、横浜市内には九地区の慰安所に三五五人、横須賀市には三地区で三五八人の「接客婦」がいたとの記録がある。

『兵庫県警察史』によると、兵庫県でも県警が開設を担い、慰安婦集めを始める。戦前の遊廓で働く娼妓では足りず、業者を通じてダンサーや女給の求人広告を出して大量に慰安婦を募集した。慰安所は九月下旬に神戸市内など一五か所で発足し、「押すな押すなの大盛況」（『兵庫県警察史』）だったという。慰安婦は合計一一八二人に上った。

八月六日の原爆投下で壊滅的な被害を受けた広島県でも、そのわずか一二日後に出た警保局通達を受け、慰安所開設に直ちに着手した。『新編広島県警察史』は、「大被害を蒙っていたとは言え、呉、広島の軍事基地を有していた関係から、占領軍の進駐は必至とみて婦女子の保護対策について心配していた矢先」に通達が来たとしている。

ただ、原爆や空襲で広島市や呉市、福山市の性的慰安施設や飲食・娯楽施設は大半が焼失して機能しない状態で、残っている業者はわずかだった。県警察部が広島、呉を中心とする貸座敷組合関係者に、「連合国軍将兵の進駐を前にして慰安所がないということは、善良な婦女子

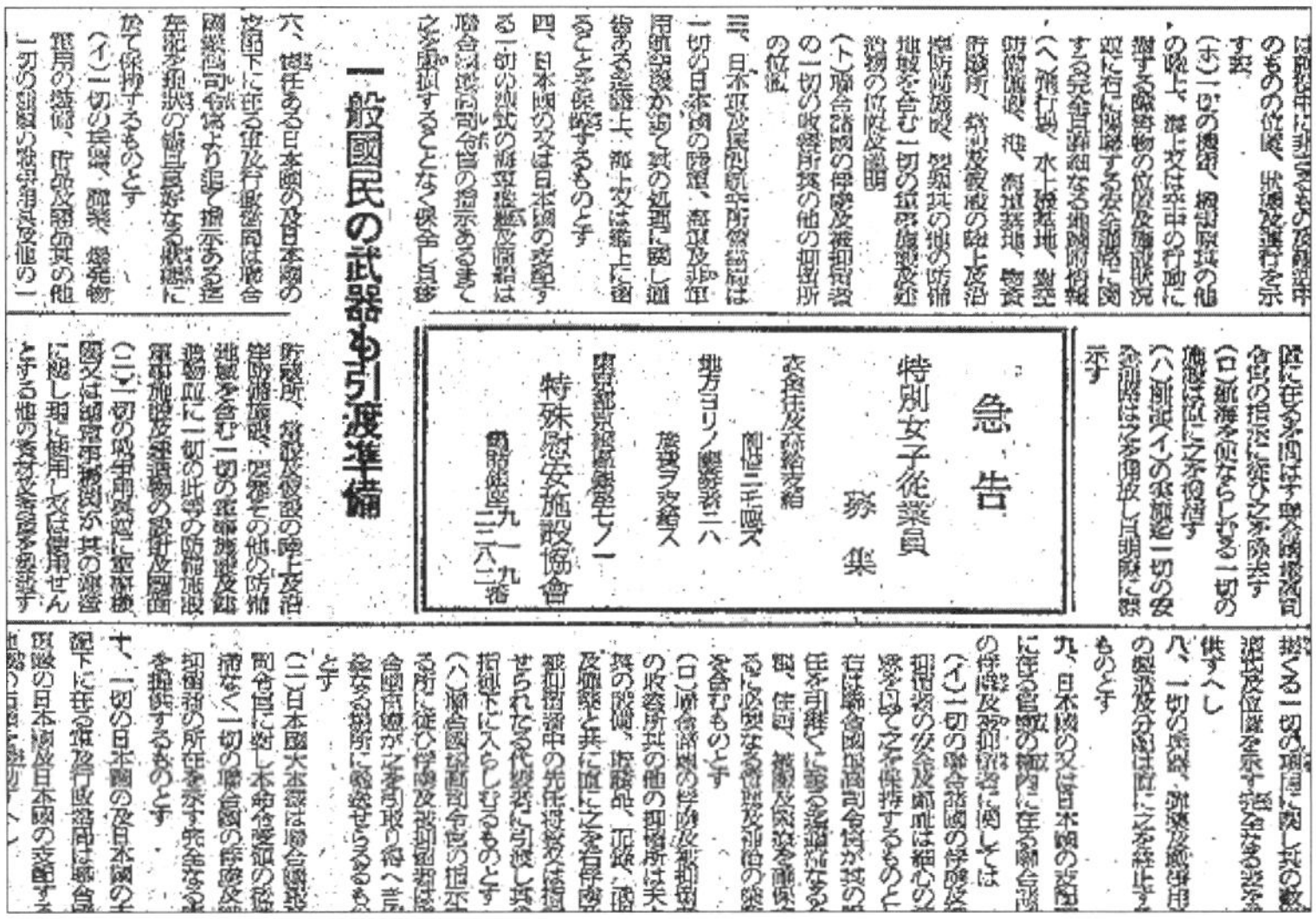

1945年9月3日「毎日新聞」に掲載されたRAAによる求人広告

の保護上重大な問題であるから、民族の保護という観点から早急に慰安所を設置して欲しい」と申し入れたところ、組合関係者は当初、資金や慰安婦の不足などから二の足を踏んだ。そこで警察部は、「資金を立替える。女は警察で募集する、必要物資は警察が斡旋する」などの条件を提示し、業者側もようやく決意したという。九月二〇日に県下の関係業者が「広島県特殊慰安協会」を設立し、資金五〇万円（県の融資三〇万円、業者拠出二〇万円）で慰安所開設を進めた。

慰安婦の募集を担った警察部は、県下の各警察署を動員して九月二四日頃から募集に着手した。警察部は別途「慰安婦募集班」を組織し、県下の貸座敷免許地域に派遣し、「娼妓、芸妓、酌婦、密売淫常習者等」に「慰安婦」になるよう呼びかけた。

しかし、彼女たちは「如何《いか》に稼業とは言え、昨日まで敵国人であつた者に身を売ることはできない」と容易には応じなかった。これにたいし、警察は、「業婦の愛国的精神を喚起し、『決死隊の覚悟でこの急場を切り開いて欲しい。慰安婦に対しては軍隊同様の給与を保障する。白米は毎日四合、油、牛肉、砂糖等物資の面は充分斡旋する』というような条件を出して説得に努めた」という。敗戦後とはいえ、さかんに国威発揚や愛国心が掲げられた戦時中の感覚を女性たちが持ち続け、警察側もそれを利用して女性たちを慰安婦にさせようとしていたことがわかる。結果、応募者は五〇〇人に及び、一〇月七日、米軍主力部隊が進駐する五か所に慰安所を開設した。一一月末時点で慰安所はさらに数か所増え、慰安婦は七二五人に上った。

慰安所は「開業以来盛況」で、客が多数のため前もってチケットを発行して統制するほどだったといい、オープンから二週間足らずで三万四九〇九人が訪れたとの記録がある。

オフリミッツ　公娼制度廃止

しかし、進駐軍兵士に性病が広がったことなどから、GHQは一九四六年一月に公娼制度を廃止する覚書を発表し、三月には各地の慰安所を「オフリミッツ」(立ち入り禁止)とした。兵庫県や広島県では先んじて一九四五年一二月にオフリミッツになっており、地域によって閉鎖時期にばらつきはあるようだが、いずれにしても政府の指示によって全国各地で多くの女性を集めて慰安所で公娼として働かせたにもかかわらず、開設から数カ月から半年で閉鎖となっている点は共通している。

この点は見過ごしてはならないと考える。仕事内容も具体的に知らされないまま応じた女性もいるなかで、彼女たちを政府や占領軍の都合で簡単に切り捨てているからだ。当時、慰安所設置に関わった行政、警察の主に男性たちは、「一般の」女性を守るという目的を果たすことを最優先し、身を呈して働いた娼婦の生活や仕事を守るという視点はまったくない。ましてや人権への配慮などかけらもない。そこには「慰安所で働くような女性は軽く扱っていい」という差別的なまなざしが透けて見えよう。この「ダブルスタンダード」ともいえる女性たちへの対応の違いに愕然とするが、第4章で詳述するように、現代においてもそうした「区分け」は存在しているように思う。

こうして慰安所で働いていた接客婦は職を失い、次第に街頭に出て客を取るようになる。『新編広島県警察史』は、このように総括する。

「進駐軍特殊慰安施設は、その利用状況からみても、確かに連合軍占領直後の婦女子保護のために大きな役割を果したものではあつたが、警察其の他関係官公庁の慰安施設開設に対する助成的態度は、一部婦女子の売淫行為を助長する結果ともなった」

繰り返しになるが、「婦女子保護」の目的の下、政府や自治体があの手この手で積極的に集めた女性たちはわずかな期間で行き場を失い、収入を絶たれることになった。街頭に出て生活の糧を得ようとする女性が増えるのはやむをえない帰結とも言えるが、その結果、女性たちは厳しい目で見られるようになっていく。

「キャッチ」

慰安施設が閉鎖された直後から、GHQの憲兵（MP）や警察は、街頭に立つ女性たちを取り締まるようになる。パンパンとみなされた女性が突然身柄を拘束され、強制的に性病検診を受けさせられたのだ。これを「キャッチ」と呼ぶ。

『神奈川県警察史』は、キャッチの目的をこう説明する。

「慰安婦が集団売春から散娼として一挙に街に流れ出したため、性病の危険性はいっそう増大した。総司令部はこの危険から兵隊を守るため、日本警察の協力を求めてこれらの散娼の検挙を強力にすすめ、被検挙者は強制的に指定病院に入院させる措置をとった」

つまり占領軍で性病が広がるのを防ぎ、兵力を維持することが狙いだった。女性の健康への配慮は一切なく、ただ「街娼＝性病を広めるリスク」と見て、取り締まり対象としているのがわかる。

大阪公立大学人権問題研究センター客員研究員の茶園敏美氏は、キャッチの実態を連合国軍総司令部（GHQ）の資料などをもとに『パンパンとは誰なのか――キャッチという占領期の性暴力とGIとの親密性』（二〇一四年）にまとめ、その暴力性を問うている。

それによると、兵庫県では施設閉鎖の三日後の一九四五年一二月一八日、GHQの憲兵と神戸市生田署が合同で、三宮や元町などの繁華街で取り締まりを実施したことが、「神戸新聞」で報じられている。見出しはこうだ。「挺身隊　成れの果ては闇の女　一斉取締まりの網に良家の子女も」

記事によると、連行された三八人の女性は、ダンサーが多かったが、なかには「素人娘、良家の子ども」が含まれ、「金回りのいいのに釣られたもの、戦時中勤労挺身隊として働いているうちに堕落したもの」「好奇心からという不埒なもの」もいた。

「毎日新聞」を調べてみると、一九四七年五月二九日に「貯金帳に二五万円　夜の女・悪疾〔性病〕は約三割」との見出しで、東京での大規模なキャッチについて次のように書かれている。

「警視庁で十九日から三日間、銀座、東京駅前、有楽町、宮坂外えん前、日比谷を中心に大掛りな夜の女一せい取締まりを行い、十九日百十五名、廿日百廿五名、廿一日百六名計三百四十六名を検挙、廿二日その生態調査がまとまつた。

検挙者中百六十九人を吉原病院に送つたが有菌者は約三割、年齢は十七歳から四十歳までで、廿歳から廿五歳までが一番多く四割だった、住居では間借りをしている者六割、親兄弟など身寄りに同居の者三割、残りの一割が住所不定の野宿組である。

かせぎ場所は公園、建築場、空地などの青空ホテル組が六割、ホテル、旅館、自宅が四割、かせぎ高は月二、三千円から最高一万円を超え、わずか廿歳で廿五万円も貯金しているものもある、職業では無職が七割、ダンサー二割、他はバーの女給、事務員、露店の売子等だがいずれも将来を考えて足を洗いたい気はあるが、さて収入の点になつて堅気の生活ではやつていけないとずるずるに落ち込んでいるのがほとんどだ、丸の内の某ビル事務員は親も承知で半年間も生活費をかせいでいたものがあつた」

終戦直後はインフレで物価の変動が激しいため参考程度だが、『物価の文化史事典』（森永卓郎監修、二〇〇八年）によると、一九四七年の東京都職員の平均給与（月給）は三五四二円。同じ年の東京の銭湯の入浴料が一〜四円。「夜の女」の稼ぎが月に二〇〇〇円〜一万円ということは、少ない者でも公務員に準じる程度、多い者は公務員の三倍近い収入を得ていたことになる。二五歳で二五万の貯蓄は相当高額といえる。

この頃から、「パンパン」だけでなく「闇の女」「夜の女」といった呼び方も使われていたようだ。記事では、「堕落した」「不埒なもの」「生態調査」という表現が使われ、「二五歳で二五万円も貯金している」という点にフォーカスして見出しをとっている。街娼への差別的視点があきらかであるうえ、金を稼いでいることへの反感もうかがえる。

局部検診という性暴力

では、「キャッチ」とは、具体的にはどのように行われていたのだろう。

キャッチの場面を撮影した写真が、「毎日新聞」に所蔵されている。ここでは二枚紹介したい。一枚は、嫌がる女性を複数の男性が抱きかかえるようにして無理やりトラックの荷台に乗せている。周囲にはやじ馬とみられる男性の姿も映る（P・68）。もう一枚は病院前で、米軍のものとみられる幌《ほろ》付きのトラックの荷台に乗った女性たちが、周囲に立って警備する警察官らを見つめる様子をとらえたものだ（P・81）。女性は口紅など化粧を施しているとみられるが、不安や不審の表情を浮かべている。撮影はそれぞれ一九五〇年と一九四八年。

関連史料を探した茶園氏に確認したところ、キャッチをこれほどはっきりとらえた写真は少なく、貴重だ、とのことである。キャッチは、「パンパン狩り」「刈り込み」などとも呼ばれていた。

女性たちは写真のように、トラックに乗せられた後、病院などで局部の検診を受けさせられた。連行中は警察から悪口雑言を浴びせられ、検診時に占領兵が立ち会うこともあったという。性病と判明すれば強制的に入院治療させられた。

検挙された女性たちは、指紋も採取されていた。一九四七年一一月二日の「毎日新聞」は、写真入りで「夜の女の指紋」という見出しの記事を掲載している。

「犯罪捜査の資料を得るため警視庁では『夜の女』の指紋採取を一日吉原病院で行つた、初めは係官を手こずらせたが、やっと納得「指紋台帳」に『しぶしぶ』指を出した、あくまで前科者の取扱いはしないよう指示もありお巡りさんも骨が折れた」

茶園氏は取材にこうしたキャッチについて人権侵害であり、性暴力であると指摘する。

「女性の人権を無視した、理不尽で見せしめのようなキャッチが、性病予防法などのもとに合法的に行われていました。強制的な局部検診は性暴力です」

前にも述べたように、政府の通達がきっかけで集められた女性が、また政府の方針転換によって職を失い、街頭に立っていただけで有無をいわせず病院に連れて行かれ、局部の検診を受けさせられた。そして「闇の女」「夜の女」とたたかれたあげく、「厄介者」のように報道される。これは理不尽以外の何物でもないだろう。

一方で、占領兵と関わりのない女性が誤って連行される「ミス・キャッチ」も相次いだ。というのも、キャッチの基準は曖昧で、取り締まり側がパンパンとみなせば対象とされたからだ。占領兵に話しかけられたり、夜間に路上を歩いたりしていただけで連行されたといい、国会でも問題にされたことがある。

茶園氏が米国立公文書館で入手したGHQ資料にもその一端が記されている。これはGHQの大分県軍政部が上部組織の九州地区軍政部司令官宛に提出した報告書で、大分県議会が別府市でのMPの行動についてまとめたものだ。それによると、一九四九年一〜二月にキャッチされた女性一〇五三人のうち五パーセントはあきらかに性体験がなく、性病と判明したのはわずか一〇パーセントだった。報告は「(大半の)無実の婦女子がホロのないジープで連行される間、公衆の面前に売春婦として陳列されるという侮辱を被り、さらに性病検診を受けさせられるという辱めを受けている」と記している。

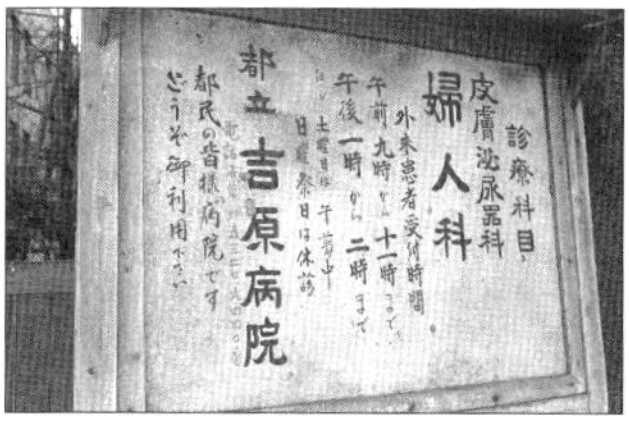

戦後、外国人相手の街娼の入院患者が多かった東京都台東区の旧都立吉原病院の診療内容を示す案内板（1954年１月、「毎日新聞」）

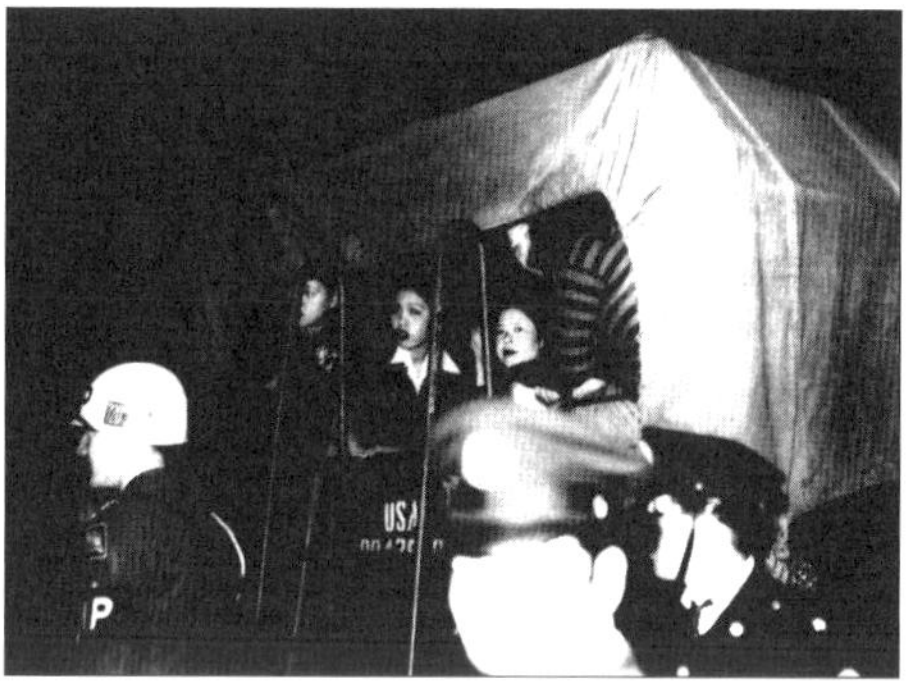

吉原病院に送られる女性たち（1948年11月16日撮影、「毎日新聞」）

さらにGHQによる言論統制下の新聞では、キャッチは夕方から明け方にかけて行われたと報道されていたが、この報告書では午後二時台など白昼にも堂々と行われていたと書かれている。キャッチは占領軍の撤退がほぼ完了する一九五五年頃まで続いた。

キャッチの目撃者

茶園氏へのインタビューを基にした記事を、キャッチの様子をとらえた写真とともに毎日新聞に掲載したところ、読者の女性（七九歳）から「私も写真のような光景を見たことがある」と連絡をいただいた。

二〇二〇年一〇月、私は連絡いただいた横浜市在住の女性に電話をかけた。女性は少し緊張した様子で、「今までほとんど話したことがないんですけど、記事の写真を見て記憶がよみがえってきて……」と語ってくれた。

　女性は一九四三年に横浜で生まれ、一時期長野県などに疎開していたが、一九四七年頃横浜に戻った。父親は戦後、市中心部の関内に土地と建物を買い、米兵相手の土産物店を始め、一家でそこに暮らすようになった。女性がキャッチを目撃したのは、小学一、二年生の頃だった。一九五〇年前後とみられる。

「夜、店の近くにとまったトラックに女性たちが乗せられ、どこかへ連れて行かれるのを何度か見ました。女性は、派手めの化粧をしていたかな。〝普通の主婦〟とは違う雰囲気で、トラックに乗るのを嫌がっている様子でした。子どもだから何が起きているのかはわかりませんでしたが、荷物のように積まれていたので、何かよくないことをして、警察に連れて行かれるのかなあと思っていました」

　ある時、店に女性が慌てて飛びこんできて、家のなかを通り、裏口から出ていったことがあった。「おそらく、キャッチを逃れるために店に入ってきたのでしょう」と女性は推測する。ただ、女性はこれらの出来事について親などに「いったい何が起きているのか」と尋ねることはなかったという。「子どもでも『パンパン』『パン助』『オンリー』などといった言葉は聞いたことがあり、いい意味ではないということはわかっていました。トラックに乗せられていたのもそれと関係した出来事だと直感し、大人には聞いてはいけないことのように思ったのかもしれません」

女性は連絡をくれた理由をこう語る。

「当時、私のように繁華街で育った子どもは少なかったでしょうから、キャッチを見たことのある人ももうほとんどいないと思います。だから記者さんと一度話してみたいと思いました」

長年研究を続けている茶園氏も「目撃証言は聞いたことがない」といい、貴重な証言と言えるだろう。

パンパンになるきっかけ

街頭に立った女性たちは一体どのように思い、生きていたのだろうか。

『街娼――実態とその手記』（竹中勝男・住谷悦治編、一九四九年）は、GHQ軍政部厚生課長エミリー・パトナムの助言を得て、京都の社会学者や医師らがまとめた調査報告書だ。一九四八〜四九年、キャッチを経験した女性約二〇〇人に面会調査したもので、うち八九人の手記や口述書が残されていた。女性たちの「生の声」といえるもので、そこからは占領兵とかかわりを持つようになった女性の多様な姿が浮かび上がる。大半が一〇代後半〜二〇代前半だった。

茶園氏も著書で言及しているが、目を引くのは、占領兵からのレイプがきっかけでパンパンになったという女性の存在だ。八九人のうち、少なくとも八人が該当する。以下、いずれも『街娼』による。

一〇歳になる前に両親を病気で失い、病院に勤務していたAさん（一七歳）は帰宅途中に米兵からレイプ被害にあった。ところが一緒に住んでいた叔母にとがめられ、家出する。引用文中の「〇〇」は原文ままで、GHQの検閲で伏せ字になったとみられるが、占領兵を指していると考えられる。

〈岡山病院で外科の見習で勤務しましたが、二十三年八月に、ある日、帰宅が遅かったのですが街を歩いていると、〇〇が二人歩いて来て突然、つかまりました。大声を立てたらハンケチを口の中にねじこまれ、闇の横道につれて行かれて、強姦されました。私は、処女をやぶられたおどろきとかなしみで、そのまま闇の中にひとりで二時間も座ったまま泣いていました。それから家へ帰つて叔母に全部をありのまま語つたら、叔母に怒られ、お前は一人で自活しろと云うので、私は家出しました〉

Aさんは上京し、知人の紹介で占領兵と知り合い、「オンリー」になる。オンリーとは、特定のひとりを相手にし、生活の面倒を見てもらうことだ。

ただ、Aさんは占領兵と結婚したいなど、将来像は何も描いていないという。誰とも恋愛した経験がない中、一七歳でレイプ被害にあったことでやむなく生活が一変したのであり、主体的に人生を歩もうという意思が薄いように感じられる。

「やけくそで」に込められたもの

Bさん（一九歳）は姉を看病した帰りに被害に遭い、「やけくそでパン助を始めた」と語る。

〈結婚した姉が肋膜《ろくまく》で寝ており、看病に行っての帰途、少し遅くなって京津電車の三篠駅に向ふ途中、O旅館の直ぐ近くで○○○○○○○の○○二人に掴まえられ、むりやりに強姦されました。十九才でした。（中略）強姦の後はやけくそでパン助を始めました。一ヶ月の収入約一万円で、こんな生活も面白くもなく不満足なのですが、致し方ありません〉

占領兵にレイプされたのをきっかけに娼婦になるという経緯は、忌まわしい過去の体験を思い出す行為に思え、一見理解しがたい。しかし、性暴力の被害にあった人に売春行為などに及ぶ場合があることは、専門家も指摘している。また当時は現在と違い、処女ではないということが、就職や結婚などの自分の将来を閉ざすものとして考えられていた点も影響したと思われる。

性暴力被害の当事者からヒアリングを行った心理学者らによる編著『性暴力被害の実際――被害はどのように起き、どう回復するのか』（齋藤梓・大竹裕子編著、二〇二〇年）によると、被害者のなかには性的衝動が抑えられない、自らを傷つけたい衝動が生じるといった、自身のコントロールが難しい状況になり、自ら不特定多数の人と性的関係を持ったり、金銭と引き換えに性交したりした人がいた。同書は、こうした行為が、「自分から進んで性暴力の苦しみを繰り返している」ように見えるものの、「その背景には『尊厳／主体性への侵害』があり、自分に価値がないという思いから自暴自棄になり、何かしていないといられなくなる、あるいは自分のトラウマを過小評価したいという思いになるなど、さまざまな理由が存在」すると指摘する。

さらに被害者たちは「死」について語っていたといい、「死にたい」というより「消えたい」に近い感情を長時間持ち続けるとしている。

私が以前取材させてもらった性暴力の被害にあった女性も、同じような経過をたどっていた。女性は幼少の頃に義父から暴行され、中学生の時には先輩たちから集団で暴行を受けたが、その後性風俗の仕事を始めた。経済的理由もあったというが、性風俗の仕事を選んだ理由を「男性に仕返しをしたいという思いがあったから」と語った。被害を受けたことによって主体性が侵害された経験から、彼女にとって、それを克服する心理的プロセスとして、あえて自分の意思で性風俗の世界に飛びこむ必要があったということなのかもしれない。

レイプがきっかけでパンパンになったという女性たちの証言からは、性被害を受けたことを家族に明かしても女性に落ち度があったように捉えられ、怒られたり不仲になったりして家に居づらくなってしまったことがわかる。レイプを受けたうえ、周囲からとがめられた女性たちは、二重の意味で尊厳を深く傷つけられたに違いない。前述の心理分析を踏まえれば、「自分には価値がない」と思い詰めて自尊心が低下し、自暴自棄になった末に居場所がなくなり、結果として自身では望んでいなかった娼婦へと転身することは充分ありえるだろうと考える。

彼女たちは自分たちの心理状況や娼婦になった理由を詳しく説明していないが、たとえば「やけくそ」という短い言葉にも、心の奥底に深い苦しみが込められていることに思いを巡らせる必要があるだろう。

「キャッチ」がきっかけで占領兵と交際するようになったという女性もいた。八九人中、少なくとも四人が該当する。いずれも実際にはキャッチされる理由のない、いわゆる「ミス・キャッチ」とみられ、その経験によって自暴自棄になったり、連行された病院で街娼と知り合ったりして、占領兵と関係を持つに至っているようだ。

一九歳のＣさんは、性体験がないのに二度もキャッチされ、その後占領兵と関係を持つことになったと明かす。興味を持ったきっかけは、キャッチで連れて行かれた病院で、占領兵と関係を持つ女性たちが、華やかに着飾っているのを見たことだったという。

〈私の今まで何も知らなかつた平安病院と云ふ所を二度ものぞいてみて、皆が美しい服を着てきれいにお化粧してゐるのをみて、何だか変な気持ちも少しは起りました。そのすぐ後で、洋裁友達にパーテイに連れて行つて貰い、ある〇〇〇〇人を紹介して貰ひました〉

Ｃさんの口述書の記録者は「間違いでキャッチされる事二回、而も処女なるが故に検診後直に帰宅を許されているが、之は由々しき問題」と指摘している。彼女たちはミス・キャッチされなければ街娼にはなっていない可能性が高く、当時の取り締まりのずさんさにも問題があったと言えそうだ。

「会話しただけで」「処女なのに」

『街娼』によれば、先述したミス・キャッチに加え、「キャッチされた後にひどい扱いを受けた」など、取り締まる側への非難も目立った。八九人中、約四分の一にあたる、少なくとも二二人がキャッチに対する不満や、制度を改善すべきだと言及している。

そのうち、三人が警官らに下宿先などに土足で踏みこまれたと証言した。三〇代のDさんはこう訴える。

〈巡査のキャッチは乱暴だと思う。（中略）巡査はどし〳〵上つてきて、戸をあけたり、箱をとつたり、寝台の下を探したりするので困る〉

このほか、三人がキャッチされた後、病名などを書いた名札をぶら下げた状態で写真を撮影させられた、と語った。

また、「特定の人と付き合うオンリーは、不特定多数を相手にするバタフライとは検査のやり方などを区別するべきだ」「任意の検査で証明書を持っていればキャッチされないような仕組みにしてほしい」といった改善を求める人も五人いた。

こうした証言が相次いでいるところをみると、警察などによるキャッチは対象も十分精査しておらず、そのため誤りがあったり、疑わしい言動を認めればすぐに連行していたりしていたことがうかがえる。人権的な配慮がまったく認められない扱いをしており、パンパンへの偏見や蔑視に満ちた対応にみえる。

他には、「お金の関係」と割り切って家族の生活を支えるために交際を続けている、占領兵との間に子どもが生まれたが、実家から協力を拒否されてシングルマザーとして暮らす――といった事情を抱える女性もいた。

『街娼』では約二〇〇人の面会調査から、経済的な理由から街娼になった女性が多いと指摘しているが、手記や証言を残した八九人のなかでも、「家族を養うため」「生活のため」といった経済的理由と読み取れる事情を挙げる人は少なくとも三五人と約四割いた。お金が必要になった事情として目につくのは、父母など家族を亡くしたことで、八九人中二七人が該当し、うち少なくとも一〇人が戦死や戦災死が原因だった。

主に家計を担う家族を失うことは、経済的困窮に直結し、親が再婚して義父母ができたり、養女に出されたりと生育環境に大きな変化を生みやすい。戦争で親を亡くすのは当時としては珍しいことではなく、女性たちの生き様に戦争が大きな影を落としていたことは間違いないだろう。

「パンパン」となった結果、妊娠する女性も現れた。八九人中、占領兵との交際で妊娠した人は少なくとも六人おり、三人が出産していた。残り三人は流産、死産を経験した。女性たちが妊娠を望んでいたかどうかはわからない。戦後の混乱期、一人で生きていくだけでも大変なのに、子どもを産み育てることは相当の困難をともなっただろうが、占領兵の子どもという理由で家族の支援を得られないケースもあった。

一方で、八九人中七人と少数ではあるが、興味やあこがれを抱いてパンパンになったという人もいた。

日々相手を変える「バタフライ」をしているEさん（二六歳）はこう明かす。以下の証言はいずれも『街娼――実態とその手記』による。

〈『借金があるから止めるに止められぬ』と云ふのは口実で、収入が多いからと面白いから止めないのです。（中略）あの夜の仕事は楽しくてやめられません、性病の恐ろしい事は知ってはいますが、快感の方が強い力を持ってゐます〉

Eさんのように「面白い」「楽しい」とはっきり言い切る証言は他には見当たらず、レアケースと言えるだろう。これ以外は、当初は占領軍やその周囲の人々の華美な生活に憧れて自らの意思でパンパンになったものの、「日本人として恥ずかしい」と悩んだり、占領兵との交際がうまく続かないことなどから「足を洗いたい」と漏らしたりして後悔しているようにみえる女性の方が目立つ。そもそも、多感な一〇代～二〇代の女性が華やかにみえる占領兵や豊かな生活に興味や憧れを抱くのはいたしかたないこととも言え、彼女たちを責めることは酷だろう。むしろ、関心を持っただけで簡単になれてしまい、その後抜け出せなくなってしまう社会状況や環境を問題視すべきだと考える。

『街娼』中の証言のなかには、複雑な家庭環境などから家を出たことをきっかけに、出会った男にだまされたり、キャバレーなどで仕事を始めて占領兵と関係を持ったりするケースも散見される。

一七歳のFさんは、静岡県の料理屋の子として育ったが、「三歳の時にもらわれてきた子で、実母は三重県にいる」と知らされ、「帰りたくなって」一二歳の時に実家に帰った。しかし、実母は温かく迎えてくれたわけではなかった。

〈実母のところは、人数も多く、他へ養女に出ていて帰つたために私に冷たい感じをもつていて、おしめの洗濯など、私にだけさせたので、家出してしまつた。十五才のときの春ころで、名古屋まで無賃乗車して、駅へ下車してブラブラしていると、朝鮮の青年が来て、食事をさせてやるからと云つて近くの宿屋につれて行つた。いろいろ食事を御馳走してくれてから、強姦されてしまつた。私はいやらしいことをされたので駅へ逃げ帰つてしまつた〉

Fさんはその後実家に戻るもまた家出し、「収容所」に入れられ工場勤務をしていたが、そこもウソを言って出て京都に来たという。

次の『街娼』の調査結果で、家出の多さは詳述するが、若い女性が居場所を求めてさまようとき、性的搾取の対象としようとする男性がすかさず近づき、結果的に女性が性売買に携わるきっかけをつくっていることがわかる。

家出・孤独

こうした家出者につけこむ現象は、現代の東京・新宿歌舞伎町で若者が集まる「トー横」や大阪・ミナミのグリコの看板の下、通常「グリ下」などでも起きている。

二〇二三年一二月には、グリ下で女子中学生に声をかけ、ホテルで性的暴行したとして二六歳の男が不同意性交等の疑いで逮捕された。男はトー横でも同様の行為を繰り返していたという。また、トー横では暴力団関係者が、若者たちに売春のほか、特殊詐欺や違法薬物の密売をさせていたという情報もあり、若者を都合よく犯罪に利用し、食い物にしようとしている大人の存在が浮かび上がる。

『街娼』中の証言の八九人の中でも、家出と読み取れるのは二割近い一六人いた。そのうち少なくとも六人は義父母との関係がうまくいかないなど家族の問題を理由に家を出ていた。Jさんは自分が養女に出されていたと知り、少なからず衝撃を受けただろう。実家へ行ったところをみると、実の母に会いたいと思ったに違いない。しかし、実母は喜んだりかわいがったりしてくれたわけではなく、冷たい対応をされた。「冷たい」というのは、Gさんの思いであり、実母にも事情があったのかもしれないが、Gさんが感じた失望は大きかっただろう。Lさんも義理の父親らに親しみを持てず、家に居場所を見い出せなかった。

Fさんのように、駅などで見知らぬ人に声をかけられ、ついて行ったケースは八九人中、七人いた。お金のない若い女性が一人で行けるところはほとんどない。とくに家出の場合は自暴自棄の気持ちがあるうえ、心細さも手伝って、声をかけてきた人につい頼ってしまうのは無理もないことのように思える。行く当てのない女性の事情を見透かして近づき、都合よく利用しようとする男性たちこそ非難されるべきだろう。

家出をする女性たちに共通するのは「孤独」だ。家族関係がうまくいかないということは、多くの場合、自分が信頼して相談できる人、また自分を理解して愛情を持って接してくれる人が周囲にいないということを指す。それが孤独な気持ちにつながり、女性たちを家出に駆り立てたのではないだろうか。さらに、証言では詳しくは述べられていないが、家族関係が悪化するなかで女性たちは虐待などの被害を受けていた可能性もある。家出は、そこから逃れる意味もあったと考えられる。

現在でも、家に居場所がなく、孤独やさみしさを感じている女性は少なくない。若い女性から相談などを受けて支援するNPO法人「BONDプロジェクト」の活動報告書（二〇二一年）によると、女性たちが抱える問題の背景として多いのは、「メンタルヘルス」「家族」「自殺念慮」「虐待」「性被害」などがある。

私は二〇一七年に神奈川県座間市のアパートで若い男女九人の遺体が見つかった事件を思い出す。この事件では、白石隆浩死刑囚が、ツイッターなどで自殺願望をほのめかした当時一五〜二六歳の九人を自室に誘い、女性八人には性的暴行したうえで、全員をロープで首を絞めて殺害した。

非常に冷酷で残虐な事件だが、「毎日新聞」によれば、白石死刑囚はかつて新宿・歌舞伎町で風俗店のスカウトをしていたといい、記者が面会室で向き合うと、明るい声の若者で、相手を立てながらテンポ良く話す様子はさわやかに見えたという。白石死刑囚は面会したBONDプロジェクトの橘ジュン代表に、なぜ事件が実行できたかを問われると、「悩みを抱えこむ女の子は多い。ＳＮＳに書きこんで、それにつけこむ男がいて、そういう世界の流れが出来上がってしまっていてなくならないと思う」と答えた。

第４章でも詳述するが、終戦直後も、八〇年近くたった現在も、同じように孤独を抱える女性がいて、手段は違えど近づき、つけ入ろうとする男性がいる。「孤独」は今、社会課題として政府に担当部署が設置されるなどしているが、丁寧に取り組む必要がある問題だと思う。

なぜ街娼となったか

『街娼』によると、調査した女性のうち、当時、街娼になった理由として「経済的理由」をあげたのは四九・五％とほぼ半数を占めた。以下、「すき、あこがれ」が一四・五％、「やけくそで」一一・〇％、「友人にならい」四・五％、「だまされて他人のすゝめ」三・五％、と続いた。

経済的理由が多いのは間違いないが、証言で見てきたとおり、それ以外にもさまざまな理由が複合していることがうかがえる。同書は「あこがれて」「やけくそで」などが一定数いることについて、「知性・教養・道徳の低さを思わせ、自制心とか意思の弱さとか自分の行動の制限の軽率さなどを示しているのではあるまいか」と分析。さらに「『好きで』『あこがれて』という享楽的な傾向は、敗戦後の若い女性の一面を示すものとして戒心を要する」と主張している。

また調査対象に長女が多く（四三％）、高等女学校中退・卒業が約半数いるなど学歴が比較的高いという特徴も示されている。前者からは「敗戦後の日本経済の混乱と家庭生活への経済的重圧が、家庭の長女の負担となって現れている」、後者は「教育があるがために陥り易いという危険性があると言わねばならない」という結論を導き出している。しかし、これらの分析を文字どおりに受け止めていいのか、疑念は残る。

というのは、まず同書はＧＨＱによるプレスコード（言論統制）があった時期に出版され、占領兵とみられる記述は伏せ字が使われるなどしている。そのためか、分析にも占領兵によるレイプ被害や前述したようなその影響などが考慮されておらず、「やけくそで」という理由についても女性の意思の弱さなどとのみ結びつけている。さらに調査・分析をした研究者たちの主観も色濃く反映されているように感じる。女性たちの口述書の最後には、聞き取った研究者たちの所感も付記されているが、「貞操観念など全然ない」「物凄い風貌、よくあんな顔、姿で○○が遊びにくるなと不思議な気がする」といった記載がある。当時の社会の街娼への見方を反映しているといってもいいかもしれないが、「女性は純潔でなければならない」「女性に高い教育は必要ない」といったジェンダー観も垣間見える。

なお、同時期に出版された渡邊洋二『街娼の社会学的研究』（一九五〇年）には、当時キャッチされた女性の性病検査をしていた東京都立吉原病院での調査などをもとに、街娼の生活実態が詳しく書かれている。著者は社会学者で、戦後の社会問題となっている街娼について、病院や自治体、新聞社、警察などの協力を得て二年間かけて調査し、対策を示している。『街娼――実態とその手記』と同様に、この著者もＧＨＱ憲兵局や公衆衛生福祉局などから好意ある対応や協力を得られたと序文で述べている。

『街娼の社会学的研究』によると、戦後に東京に転入した街娼四八人中、それ以前に住んでいた場所を「居づらい場所」としてひとりで暮らしている者が二九人と六割に達していた。居づらくなった理由では家族との不和や軋轢が七割を占めた。不和とは、継母との関係悪化や、婚家から出されたことなどを指す。性交や売春の事実が家族にばれたことなどをあげる人も一、二割いた。また、調査した街娼一一三人中、扶養を受けていた家族や親戚に同意を得ず家を離れた「家出」が七一人と六割いた。

同書は街娼となった背景に、家族と別れて経済的に自立せざるをえない状況があったと指摘している。さらに「一般に女子の労働に対する給与は特殊の技能者を除き男子のそれに比して著しく僅少であり、自己自身についてさへ衣食住の基本的最低生活を確保することは容易ではない」と男女の賃金格差や女性の就業機会の少なさにも触れ、「一般に与えられる職業」では生計を維持することが極めて困難だという現実に言及している。

男女の賃金格差は、現在も続く問題である。格差は徐々に縮まってきているものの、二〇二一年の「賃金構造基本統計調査」によると、女性のフルタイム労働者の給与水準は男性の七五・二％にとどまり、ＯＥＣＤ諸国の平均と比較しても差は大きい。男女の賃金格差の背景にある構造的問題を解き明かし、二〇二三年にノーベル経済学賞を受賞したクラウディア・ゴールディン教授は、受賞時の記者会見で日本の賃金格差に触れ、「日本の女性は男性ほど正規雇用の仕事に就いておらず、昇進も少ない」などと述べて話題になった。七〇年以上前に出版された本で指摘されていることが、今も変わらず課題として残っているのは、日本のジェンダー格差の根深さを示しているといえよう。

この調査結果から、「家出をする女性が悪い。我慢して家にとどまるべきだ」と言うことはできないと思われる。戦争によって肉親を失い、家族構成が変化した家も少なくないだろう。また、結婚していても縁を切られればたちまち生活の基盤を失い、食料不足の中、実家に戻っても居づらさを感じることは容易に想像がつく。こうした女性たちがひとりで生きていくことが難しい社会そのものにも目を向けていく必要があり、それは現代社会にも通じる問題である。

街娼と戦後

女性たちの証言からは、差別を受けたというエピソードが随所に出てくる。

『街娼』で自身を「戦災者」と名乗る女性は手記でこう明かす。

〈敗戦の遺物の様なパンパンガールに、世の人々はあまりにも冷たい。冷たいのはまだ辛抱できるが、眼に余る蔑視に身を切られる様だ。先日風呂の中で近所の子供が「あれはパンパンだね母さん」という声に、はつと赤くなった〉

「風呂」とは銭湯などの公衆浴場を指すとみられる。映画『肉体の門』でも描かれていたが、街娼は髪形や服装など身なりを派手にしていた例が多かったとみられ、子どもが容姿などから

「パンパン」と判断したのだろう。手記には戦災の詳しい状況は書かれていないが、女性は肉親を戦争で失ったのか、外地からひとりで引き揚げ、職を探したが見つからず娼婦になったようだ。

女性は訴えかける。

〈世の人にもう一度お願ひする。貞操観念を捨てた女と軽蔑しないでほしい。生きる為に冷い人々の中で、もがいてゐる私達に、はゐ上るチャンスを与へてほしい〉

本書の第1章で、からゆきさんだった女性に子どもが「淫売」という言葉を投げかけていたエピソードを紹介したが、子どもの言葉は大人の本音の発露だといえる。日頃から母親が「パンパン」を蔑《さげす》む言動をとっていたからこそ、子どもは何の疑問を持たずに女性の面前で「あれはパンパンだ」という発言をしたのだろう。差別が「再生産」されていく様を見るようで、胸が痛む。

また、「生きる為に冷い人々の中で、もがいてゐる私達に、はゐ上るチャンスを与へてほしい」という部分は、女性の切実な思いとそれにたいする世間の視線がにじみ出ている。貧困や戦争、レイプ被害、複雑な家庭環境による孤独、誤ってキャッチされた経験などの理由から娼婦という道を選び、必死に生きようとする女性たちに、世間はあまりにも冷たい。一度レッテルを貼られるとそこから抜け出したくても抜け出せない。再チャレンジの機会もなかなか得られない。そんな社会状況が浮かび上がってくるようだ。

そして言うまでもなく、戦争の影響は甚大だ。それを実感させられたのは、広島市出身の女性（一八歳）の口述書だ（前掲『街娼』）。

女性は父が戦死し、原爆で兄弟は行方不明、被爆した母はその数か月後に亡くなった。当時一六歳だった女性は「収容所」に入れられたというが、友人とそこを逃げ出し、東京へ流れた。上野の飲み屋の女中をしていたが、上野で知り合った女性の友人に一緒に商売をしようと言われてついていったところ、上野の山中で男二人に暴行を受けた。失望して友人と自殺しようとしたができず、結局上野の地下道で「パンパン」を始めたという。

その後、友人と大阪へ行き、さらに京都へ行ったところで裏切られる。友人に荷物を持ってもらってトイレに行ったところ、その間に友人は荷物とともにいなくなってしまったのだ。

女性はこう振り返る。

〈私はパンパンをしているときも、母が死ぬとき、私に、母に代つてしっかり生きておくれと遺言されたことが、いつも耳に聞こえました。そのたびごとにギクリとしました。京都駅で、友だちに荷物をすつかり盗まれて、途方にくれてボツとしてしまつたときも、また母が死ぬときの言葉が耳に聞こえました〉

一九四八年に聞き取ったとみられる口述書では、淡々とこれまでの経過が語られているものの、母に触れたくだりからは、女性が暗い絶望のなかで生きてきたことが伝わってくる。口述書には、女性が行方不明であることが付記されていたが、その後どんな人生をたどったのだろうか。

この女性は広島を飛び出したのだが、当時の広島の娼婦はどんな状況だったのだろう。論文「戦後日本の売春問題1　広島県内の売春問題を中心に」(田代国次郎、一九九〇年)によると、広島県下で最初の売春婦一斉取り締まりは一九四六年五月に実施され、二八五人が摘発された。そのうち「いわゆる素人女姓」が五四人入っていた。一九四六年秋には広島駅付近で街娼が増加し、広島東署が九月の三日間の一斉検挙で九八人を検挙した。うち七人の女性について街娼になった理由についてレポートが残っており、以下のようなケースだった。
①一七歳の女性は、父親の原爆治療費に困って、②二三歳の女性は、引揚者で生活苦から、③二八歳の女性も、引揚者で医療費捻出のため、④三四歳の女性は、夫との死別による生活苦から、⑤二〇歳の女性は夫との離婚が原因で、⑥一八歳の女性は、失恋から、⑦二四歳の女性は、尾道市での元公娼――だった。
広島県呉市では一九四八年六月の一カ月間に一七八人が検挙されたが、引揚女性や、戦争で夫を失った三五歳以上の女性が含まれていた。シベリアから三年ぶりに故郷に引揚げてきた福岡県の男性(三三歳)は、妻を探した結果、広島で街娼となり、県立呉病院に性病保菌者として収容されていたという。妻は「終戦後友人とともに引揚げてきたが、子供が船中で死亡し、職を世話するといって広島に連れられてきたが何とそれがパンパン屋とは知らず、広島市内の××方に身を寄せ、家事の手伝いなどをしていたが次第に借金がたまり、昨年暮頃からもう夫

は戦死したものと思い、売笑婦としてドロ沼に足をふみ込んでしまった」と言う。

このように、原爆被害や引揚など戦争が影響して生活苦に陥り、街娼となるにいたったケースも相当数に上るであろうことはあらためて強調しておきたい。『街娼』には京都市警察局の一九四八年一～一〇月の街娼の検挙数が掲載されており、月によってばらつきはあるが一七四～四〇九人が検挙され、月平均で約二四〇人だった。取り締まり方法や統計の取り方が異なる可能性があり、単純比較はできないが、当時、京都市の人口は約一〇〇万人で呉市の三倍程度だったとみられることから、人口比で考えると呉市の一か月の検挙数一七八人は多いようにみえる。

呉市は明治期から軍港として栄え、呉海軍工廠《こうしょう》が置かれ、戦艦「大和」が建造された地でもある。敗戦後は占領軍が進駐し、「慰安施設」が準備された。それにともない街娼も増えたとみられ、戦後に日本各地の売春の状況を取材した評論家・神崎清による『決定版・神崎レポート　売春』（一九七四年）によると、呉市には一九五三年頃に二五〇〇人程度のパンパンがいたとされる。広島県内はほかにも占領軍が進駐した地域が複数あり、軍関係者が集まる広島市の繁華街などでもパンパンは多くいたとみられる。さらに原爆には放射線被ばくによる後遺症があり、死に至ることも珍しくなかった。こうした女性たちの中にも後遺症に苦しんだ人がいたのではないだろうか。生活苦の中、健康不安を抱えながら街頭に立つ気持ちを想像すると、いたたまれなくなる。

『街娼の社会学的研究』には、一九四八年に実施した「街娼」に対する都民三四四人の意識調査の結果がある。それによると、「パンパンガール」を「隣人としてもかまわない」と答えた者はわずか六・一%。これに対し、娼妓は二一・三%、芸者は四三・一%、「社交喫茶店女中」は五八・一%の人が「隣人でもかまわない」と回答しており、とくに「パンパン」への否定的感情が強いことがうかがえる。しかも性別や年齢層、社会階層別に分けてみても、その傾向に差は認められなかったという。

性別や年代を問わずパンパンへの忌避感が強かった戦後直後から時を経て、その傾向は変わったのだろうか。

茶園氏は約二〇年前、占領期の新聞でパンパンが批判的に書かれていたことに疑問を持ち、研究を始めたということだが、当時を知る人々の間では今も、男女問わずパンパンを嫌悪し、タブー視する風潮が強い、と言う。実際、占領兵との交際やキャッチを経験した当事者の話を聞きたいと探し続けているが、これまで名乗り出てきた人はいないと明かす。

私も関係者への取材を試みる中で、パンパンを「タブー視」する雰囲気はひしひしと感じた。嫌悪とまではいかないが、「〔パンパンの存在は〕日本人を卑下するようなことだから、あえて他人には話さない」「〔オンリーは〕今で言えば『愛人』みたいなもの。わざわざ掘り起こすこともないでしょう」といった反応をされたことがある。そして、当事者もそうした見方をされていると分かっているからこそ、語りたがらない。

このように、終戦後「パンパン」と呼ばれていた女性たちの多くは自身の体験を明かすことなく、沈黙し続けてきたのだ。

家に居場所がなく都心の繁華街をうろつき、性売買に関わるようになる若い女性は今も絶えない。性暴力の被害に遭っても、被害者側に非があるかのように受け止められ、さらに傷つけられることもある。パンパンと呼ばれた女性たちが感じていた孤独や自己喪失感は、現代の女性にも共通しているのではないだろうか。

一九五〇年から始まった朝鮮戦争をきっかけに、全国の米軍基地周辺で、戦地から一時帰った兵士たちによる買春が一層さかんになり、そこに集まる街娼も増えた。次に、米軍基地のあった埼玉県朝霞《あさか》市で、朝鮮戦争の際に「パンパン」に部屋を貸していた貸座敷屋で育った男性の証言などから、その姿に迫りたい。

基地の街・朝霞

占領兵、主に米兵による買春がもっとも多かったとされる朝鮮戦争（一九五〇―五三年）の頃、「パンパン」と呼ばれた街娼はどんな状況だったのだろうか。

米軍基地（現在の埼玉県朝霞《あさか》市と和光市など）のそばで少年時代を過ごした朝霞市在住の田中

利夫さん（八〇歳）は、当時の街の様子や、街娼についてよく覚えている。

埼玉県の南部に位置し、池袋から東武東上線で約一五分と東京都心からほど近い現在の朝霞市は、人口約一四万人のベッドタウンだ。現役世代の三〇～四〇歳代の割合が高く、近年も人口が増え続けている。江戸時代には川越街道の膝折宿として栄えていた地域で、明治期に複数の村が合併して膝折村となったが、一九三二年（昭和七年）に「朝霞」に改称。同時に町制に移行し、朝霞町が生まれた。日本人によって初めてつくられた「東京ゴルフ倶楽部」が、東京・駒場から膝折村へ移転することになり、当時東京ゴルフ倶楽部の名誉会長だった朝香宮殿下の名前にちなんで「朝霞」と改称したという。一九六七年に市政に移行し、現在の朝霞市になる。

戦前、朝霞町には陸軍予科士官学校や被服廠などの軍事施設が設置された。「朝霞」の由来となったゴルフ倶楽部の用地も買い上げられ、わずか八年で移転を余儀なくされた。

『朝霞市史　通史編』（一九八九年）などによると、朝霞地区には終戦直後の一九四五年九月に米軍が進駐し、旧日本陸軍施設があった場所に「キャンプ・ドレイク」と呼ばれる基地を設営。兵舎や家族も暮らせる住宅のほか、映画館やボーリング場、野球場など娯楽施設も整備されていった。朝鮮戦争時は人員や物資を調達・管理する兵站基地や帰休基地として中心的な役割を果たし、滞在して休暇を過ごす多くの兵士でにぎわったという。

このように、太平洋戦争後、全国にできた米軍基地の周囲には「基地の街」が広がった。神

戦後、米軍基地のあった埼玉県朝霞町。午後4時頃には、米兵などの買春客を求めて通りに立つ女性の姿があった（1952年2月、「毎日新聞」）

奈川県横須賀市や横田基地のある東京都福生市などが有名で、街中には英語の看板やネオンがあふれ、ドルが流通するなど、まるで日本とは別世界の景色だった。その後、多くの基地が順次日本に返還され、東京都立川市の昭和記念公園や練馬区の光が丘団地（光が丘パークタウン）などのように、大規模な公園や団地となった。

朝霞のノースキャンプも、後述するようにおもに学校や図書館などの公共施設になった。

朝霞では基地ができた頃から街娼も全国各地から集まるようになり、『和光市史　通史編　下巻』（一九八八年）によると、朝鮮戦争をきっかけにその数は二〇〇〇人にのぼったとされる。

『和光市史』にはこんな記述がある。

「大和町（現和光市）警察の活動のうち、最も特色あるものといえば、売春の取り締まりであろう。大和町は朝霞町とともに米軍基地の町として、売春婦（当時はパンパンと呼ばれていた）にとっては格好の〝ショ場〟となった。とくに売春婦が大和町に大量に出没するようになるのは、朝鮮戦争の勃発を契機としてであった。（中略）朝霞キャンプ周辺には有楽町、池袋などの盛り場から東上線を下って売春婦が集まり、その数は二〇〇〇人にのぼると言われた。このようにして大和町の風紀は著しく低下した」

田中さんの自宅は朝霞駅前にあり、一九四八年頃から約五年間、主に母親がそこで娼婦に部屋を貸す貸席業を営んでいた。「今でいうラブホテルのようなものです」。娼婦が米兵を連れこみ、部屋代を支払っていた。常時三人ぐらいの娼婦が長期滞在し、ほかの部屋は一時的に利用する娼婦らに貸していたという。近隣には簡素なプレハブ小屋で客を集める「パンパンハウス」と呼ばれる施設もあった。

一般的に「パンパン」という言葉は、占領期の米兵相手の街娼を指すことが多い。しかし田中さんは、朝鮮〜ベトナム戦争時でも、「パンパン」という呼称が使われていたという。また、当時の本や雑誌でも「パンパン」という言葉が使われているものがある。

一九四一年生まれの田中さんは当時小学生。駅前には派手な服装の多くの街娼が立ち、行き交う米兵に声をかけたり、親しげに抱き合ったりしていた。特定の相手がいる「オンリー」はごくわずかで、ほとんどが不特定多数を相手に日銭を稼ぎ、貧しい生活を送っていた。

こうした女性は「乞食パン助」と呼ばれ、住む場所もなく、野宿をしていた。田中さんの自

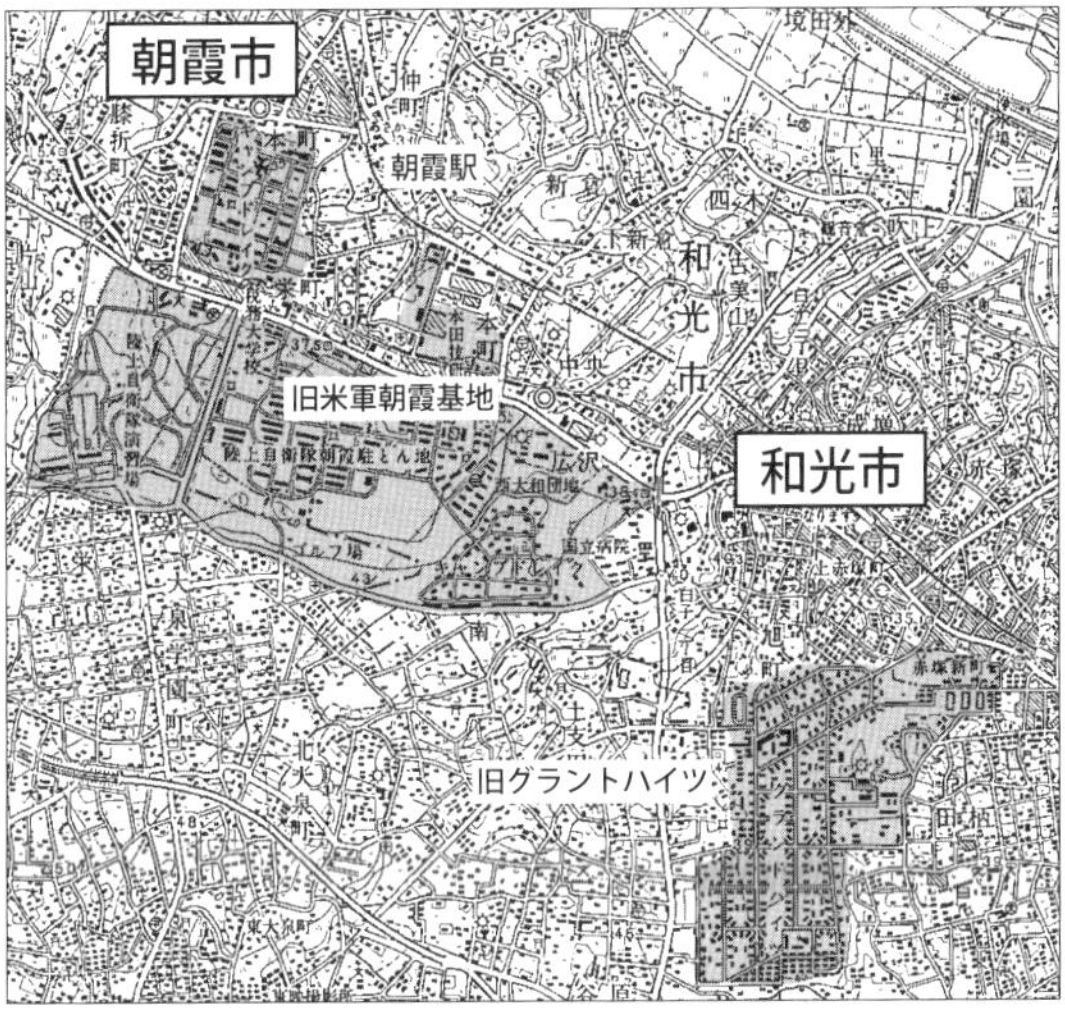

昭和49年頃の朝霞市付近。着色部分が米軍関係地。キャンプドレイク（現陸上自衛隊朝霞駐屯地）、グラントハイツ（現光が丘）の名が見える。（国土地理院5万分の1地形図、昭和50年発行）

宅の風呂桶が、野宿する女性たちに盗まれたことがあったという。女性たちは林や原っぱ、畑の中などで売春を行っていたといい、田中さんは「友達と遊んでいる途中などに何度も目撃していました。子どもたちも見慣れて驚きもしなかったですね。外に落ちていたコンドームを拾って風船みたいにふくらまして遊んでいる子もいました」と振り返る。

当時、娼婦と米兵の姿は、基地の街の子どもたちにとっては当たり前の光景だったのだ。

「白百合会」

娼婦たちは、自分たちで「白百合会」というグループを作っていた。朝霞で娼婦をするには、このグループに入り、金を上納する必要があった。グループに無断で商売をすると、リンチされたという。田中さんは、ルール違反をしたとみられる女性が、グループの女性たちに裸にされ、池に落とされそうになっているのを見たことがある。

こうしたグループは各地にあったとみられ、『街娼の社会学的研究』でも触れられている。それによると、街娼がグループを結成する理由として、誘客地での客数は一定のため、よその街娼や「モグリ」の街娼が同じ土地で誘客することは不利であり、これを阻止しようと共同の意欲が働くため、と指摘している。また、東京ではグループの構成員は街娼のみだが、大阪や神戸では仲介者などが入って街娼たちを実質支配下に置いている場合が少なくないとも述べている。

「毎日新聞」(一九四七年一一月二九日)の「夜の女の生態　多い温泉地生れ　門構えの四十婆もいる」という記事では、警視庁の分析としてグループの特徴が書かれている。

「〔夜の女たちは〕自己防衛のために強力な組織を持ち姉ごには有名な夜嵐のあけみ、かみそりお蘭、上海のおてる、ピーナツ山猫のおよね、宿のかず子、某都議落選氏の娘楽町のまゆみ(二二)などがあり、仲間には絶対服従の戒律が守られ縄張りもある」

さらに特異な例として、巣鴨のグループを挙げ、「五十名の団員がそろいの服を着て胸には姉ごの入れ墨と同じバッジをつけている」としている。

この記事に出てくる「上海のおてる」とは、朝霞基地周辺のグループを仕切っていた女性とみられる。当時、その地域の繁華街はネオンが途切れず、「日本の上海」などと呼ばれていた。

地元紙「埼玉タイムス」（一九五一年一二月一六日）には、「おてる」のことが詳細に述べられている。おてるが同年一二月一一日未明に暴行傷害容疑で朝霞警察署に検挙されたというニュースだ。記事では本名とともに、「夜の女の親分東上お照またはゴリラのお照」と紹介。おてるは板橋区の漬物店に生まれ、食堂を営む母の手で育てられた。高等女学校を卒業後、一年半ほど会社勤めをしていたが退社。洋裁学校に通っている頃に米国人と知り合い、横浜で約三年間同棲をしていたが、米国人が帰国して別れた。その後母親の仕事を手伝っているうちに日本人男性と結婚し、大和町に移り住んだ。そこで「夜の女」に「あねご」ともてはやされ、「親分」となったという。

同棲していた米国人の詳細は述べられていないが、占領軍が多くいた横浜で暮らし、後に帰国したことから軍関係者の可能性が高い。おてるは一時期、「オンリー」だったのかもしれない。

おてるは、「あねご」として何をしたのか。記事には、会に届け出をせずに自身の「縄張り」で街娼をしていた女性にたいし、グループ配下の女性に命じてつるし上げさせ、五日間のけがを負わせたり、「夜の女」から集めた会費を仲間の入院見舞費などに使ったりしていたとある。

このように、街娼は時にはリンチなど厳しいルール下で働いていたことがわかるが、グループに所属することで自身の身を守り、仲間と互いに助け合う、という恩恵もあったようだ。後述する元娼婦「アカネさん」（仮名）の証言でも触れるが、頼る先のない若い女性が身一つで朝霞にやって来ても、グループの女性たちは食べ物を与えたり、雨露をしのげる宿泊場所へ導いたりと面倒を見て、最低限生きていけるだけの手助けはしていたという。公的な扶助がほとんど機能していない戦後の混乱期にあって、こうしたグループは、一定のセーフティーネットの役割を果たしていたといえるだろう。

実際、不特定多数を相手にする街娼は命の危険と隣り合わせだったといえる。「毎日新聞」のデータベースでは、「夜の女が殺された」というニュースが一九五〇年代を中心に二〇件近く報じられている。

たとえば一九五二年七月三一日付の記事、「横浜で夜の女殺さる」は以下の内容だ（住所や名前は伏せ字）。

「三十一日午前八時ごろ、横浜市南区××夜の女〇〇〇〇さん（三二）が自宅三畳で寝たまま細ひもで絞殺されているのを附近にすむ母親△△さん（五二）が訪ねて発見、寿署に届け出た。（中略）同女は一時から三二歳ぐらい、白長そでワイシャツ勤め人風の男を客に連れ込んだのを目撃したものがあり、犯人は前夜連れ込んだ男とみて足取り捜査を行っている」

職業が「夜の女」と表されているのに驚くが、当時の新聞はこの表現が多く使われ、一般的だったようだ。このように娼婦が殺害された事件の記事は、たいていその直前に接した客に容疑がかけられている。なかには娼婦の「連続殺人」を自白した男もいた。

さらに「夜の女が生んだばかりの子を殺した」あるいは「捨てた」というニュースも目につ

く。一九五三年八月二七日付の記事「嬰児殺し自首」は、こう伝える。

「二十七日午前零時半ごろ浅草署に「赤ん坊を殺した」と若い女が自首した。調べによると女は台東区浅草××の△△旅館に二ヶ月ほど前から投宿中の住所不定の夜の女〇〇〇〇（二二）で、去る三日午前二時半ごろ同旅館二階で男の子を産み落としたが、処置に困ってボール箱の中に赤ん坊を入れ、ビニールの風呂敷で包んで押入れの中に放置していたが、暑さのために死体が腐敗、同旅館の人が騒ぎ出したためいたたまれず自首したもの」

娼婦たちは徒党を組み、たくましく生きていたように見えるが、素性のわからない客を相手に売春をするというリスク、望まない妊娠をするリスクなどさまざまなリスクを抱えながら、何とか一日一日を生き延びていた、という現実が浮かび上がる。現代においても4章で触れるように、性風俗で働く女性が客から殺害される事件は起きている。また、若い女性が望まない、予期せぬ妊娠をするケースも少なくなく、新生児を遺棄してしまう事件も相次いでおり、戦後と同様のリスクを抱えていることがわかる。

「オンリー」

田中さんの自宅の貸席には、青森県や秋田県、岩手県、新潟県など各地から来た女性たちが滞在していた。田中さんは女性たちを「ハニーさん」と呼んでいた。女性たちが、「パンパン」と呼ばれるのを嫌がったためだ。滞在者には女性だけでなく、いわゆる「男娼」もいた。

ハニーさんたちが仕事中、靴が盗まれないよう玄関付近で下足の番をしたり、ハニーさんが連れている子どもの面倒を見たりするのが田中さんの役割だった。子どものなかには、米兵との間の子もいた。

もっとも印象に残っているのは「ベリー」と名乗っていた、秋田の寒村から来た女性だ。女性は家族も多いため、貧しかった。当時地元では女中か子守くらいしか仕事がなかったため、中学を出て上京した。最初は上野のそば店で働いていたが、店に来る娼婦に勧められ、朝霞に来たという。朝霞で初めて会ったトニーという黒人兵に気に入られ、オンリーになる。トニーはベリーに三面鏡やチャイナ服などを買い与え、大事にしていた。田中さんは、度々二人がいる部屋に遊びに行き、高級な菓子をもらうなどかわいがられた。そしてベリーに頼まれ、毎月、秋田の実家へ送金をしていた。

田中さんはこう振り返る。

「当時、オンリーは女の子たちの憧れの的でした。通販で米国のカラフルでモダンなドレスを買ってもらって着飾ったり、当時貴重だったミルクやバター、缶詰などを簡単に手に入れたりしていましたから。ベリーさんは、オンリーでない貧しい娼婦から疎まれ、石を投げられたこともありました」

しかし、オンリーになって約四年後、ベリーに悲劇が起きる。トニーが埼玉県の入間の米軍基地に異動するのに伴い、一緒に転居したところ、ベリーはその街で間もなく亡くなったのだ。

現在の朝霞中央公園付近

死の真相は分からないが、田中さんは情報を集めていた母親から、「パンパンのグループに目をつけられてリンチを受け、内臓破裂で亡くなったようだ」と聞いた。まだ一九歳だった。田中さんは朝霞でも街娼が殺されたり、自殺したりしたケースを見聞きしたことがある。

「日本の上海」と呼ばれた街で

田中さんは少年時代の思い出を多数の絵に描いている。子どもから見た、ありのままの街の様子が生き生きと描かれていて、当時の混沌とした雰囲気が伝わってくる。現在の感覚では驚くエピソードも多いが、今の街とくらべるとどうか。私は、絵を頼りに描かれた場所を巡ってみた。

まずは田中さんの自宅兼貸席屋があったと

いう東武東上線朝霞駅前。南口の駅前は二〇〇七年に整備され、現代的なデザインの広場やロータリーは比較的新しい。広場には朝霞市で育ち、二〇〇五年に三八歳で急性骨髄性白血病で亡くなった歌手、本田美奈子さんの歌碑が設置されている。

貸席屋はこの広場の部分にあったというが、当然ながら昔の面影はない。

貸席屋のそばには、病院があった。田中さんによると、そこは「パンパン」と呼ばれた女性たちが多く並び、行列ができていた。性病検診を受けるためだったという。本章でキャッチと呼ばれる強制的な検診について述べたが、自ら病院に出向いて検査を受けるケースもあったようだ。女性たちが自発的に検診を受けるとは考えにくいので、呼び出しを受けるなど、実質的には強制的なものだった可能性がある。

駅に向かって右手、線路沿いに南方向に少し歩くと、変電所がある。当時は現在より八〇メートルほど駅寄りにあったというが、変電所の周辺は背の高い草が生い茂り、昼間は子どもの遊び場、夜は女性たちが米兵に売春する場として使われていたという。その客を見込んで赤提灯の屋台もあった。

南口から西方向へ二〇〇メートルほど歩くと、市役所に突き当たる。このあたりが米軍基地の北部（ノースキャンプ）の入口だった。一九五〇年代前半、田中さんの絵には、ゲートの前に立つ憲兵（ＭＰ）や、基地で働く日本人の門番の姿が描かれている。ゲートの中を米兵と連れだって歩くパンパンの姿もあり、田中さんによれば米兵と一緒であれば日本人女性も簡単に

田中利夫さんの絵。キャンプ・ドレイクのそばには「パンパンハウス」と呼ばれる小屋がいくつもあり、米兵が通っていたという

ゲートのなかに入ることができたという。

ノースキャンプがあったエリアは市の中心部で、市役所のほか体育館、図書館、公民館、小中学校など公共施設が集中している。約三万平方メートルの基地跡地暫定利用広場「朝霞の森」もある。この周辺は、一九六五年にベトナム戦争の負傷兵を受け入れる野戦病院が設営された。兵士の遺体も運ばれていたといい、地元の人によると、遺体を洗浄するなどの処理は日本人が行っていたとされる。

野戦病院は学校のそばにあったため、小学生らは搬送用のヘリコプターの騒音に悩まされた。負傷兵らを目撃することもあったという。当時を知る近所の男性（六五）は、「小学生の時、学校からの帰り道に野戦病院の前を通りかかり、布をかけて運ばれている遺体から、黒人兵のものらしき腕がぽろりと落ちるのを見ました。怖くて、今も忘れられません。遺体の処理は、中高生が一体八〇〇〇円ぐらいで引き受けていたという話を聞いたことがあります」と話す。

ノースキャンプがあったエリアから東方向に足を伸ばすと、朝霞市立総合体育館や朝霞中央公園陸上競技場（P・113）の東側に、湧水池である広沢の池が見えてきた。ここは先述したように、田中さんが、小学生の頃（一九五〇年代）にパンパンのグループ「白百合会」のメンバーが女性たちをリンチするのを目撃した場所だ。

田中さんの絵では、全裸にされた女性たちが池のほとりにある大きな木の上にいて、メンバーに見張られて降りるに降りられない様子が描かれている。現在の池は東西に約五〇メートル、南北に約二五メートルで約一〇〇〇平方メートルと比較的大きく、周囲には木が何本も生い茂る。水面をのぞいても底は見えず、水深もそれなりにありそうだ。田中さんによれば、女性たちは無理矢理泳がされ、溺死寸前になった人もいたそうで、苛酷な制裁が加えられていたことがうかがえる。映画『肉体の門』でも、掟を破った女性が、仲間に全裸にされてつるし上げられる場面があったことを思い出した。

広沢の池の前を走る道路を、南にくだる。マンションや住宅が多く建ち並ぶ閑静な通りだが、朝鮮戦争時はきらびやかなキャバレーがあり、米兵と着飾った女性らでにぎわっていた。突き当たりの旧川越街道に面した南栄通りは砂利道だったが、バーやダンスホール、米兵向けの土産物店などが並んで栄えた。ネオンが途切れず、暴力沙汰や犯罪も多いことなどから、「埼玉の上海」「日本の上海」などと呼ばれた。

一九五二年五月二六日付の「埼玉新聞」は、「朝霞！ それは上海だ／流れ込む夜の女 國警縣本部 刈込に二百名動員／悲鳴あげる立入禁止」との見出しで、街の様子を以下のように報告している。

〈ネオンに暮れジャズにふけゆく朝霞町はあくどいルージュの〝夜の女〟の寝乱れ姿に明けてゆく、頽廃的国際情緒に〝サイタマの上海〟と謳われつつ、いまはドル買い物資のヤミ取引、そしてポン引き、夜の女など暴力の世界とまつわり合うじめついた妖巣に街一色は塗りつぶされ……〉

記事では「夜の女」への言及が多く、警察が取り締まってもまた舞い戻ってくる様子を「飛び放つてはまた集るハエのような執ようさをもつており」と表現し、「中学生までがポン引きで補導された」としている。全体的におどろおどろしい描写が目立ち、他の同時期の記事と同様、「夜の女」に対する記者の意識がよくわかるルポだが、混沌とした街で必死に生き抜こうとする人々の姿や息遣いは伝わってくるようだ。

地元紙はこの時期、治安の悪化を受けて米軍がたびたび、兵士らに繁華街などへの立ち入りを禁止したことや、飲食店主らが警察など関係各所に立ち入り禁止（オフリミッツ）を解除するよう陳情する様子も細かく報じている。オフリミッツが街の経済を左右する重要な問題であり、関心の高いニュースだったことがわかる。

今は人通りもまばらで、シャッターを下ろした飲食店も多く、比較的新しい住宅も目立つ。旧川越街道の一本南の道路は、交通量の激しい現在の川越街道だ。南側は自衛隊朝霞駐屯地で、広大な敷地に関連施設が並ぶ。

基地の子が見た「お姉さん」

今となっては想像しづらいが、「日本の上海」と呼ばれた往時はどんな状況だったのだろう。南栄通り周辺を訪ね歩いたが、その頃を知る人はなかなか見つからない。ある自動車修理工場では、経営者とみられる四〇～五〇代の女性が、「うちは九〇年ぐらい前、祖父の代からここで商売をしているが、二代目の父も亡くなって昔のことは全然わからないですね。覚えているのは、祖父が『昔は通りが舗装されてなくて砂利ばかりだった』と言っていたことぐらいかな」と話した。不動産屋で店番をしていた女性は、「少し前はストリップ劇場があって、今とは雰囲気が違っていた。最近は住宅が増えましたね」と教えてくれた。年々、通りの様子は変わっているようだ。

その女性から、近隣で長く商売を続けている店として教えられたのが、ジャズ喫茶〈海〉だ。先述した広沢の池の前の道を南進し、南栄通りと交わるあたりにその店はあった。日が暮れかかった夕刻、店に入ると客はおらず、白髪のマスターが一人たたずんでいた。

店の壁一面に、大量のレコードのジャケットが飾られ、奥にはグランドピアノが置かれている。「米軍がいた当時の周辺の様子を知りたい」と来意を告げると、低音で心地よいジャズが流れる中、マスターの小宮一祝さんは、アルバムを持ってきて語り始めた。

小宮一祝さんの父、一晃が〈海〉を開いたのは朝鮮戦争まっただ中の一九五二年。一晃は一九二九年（昭和四年）、東京・日本橋の生まれ。飛行機乗りに憧れ、広島県江田島にある海軍兵学校に入ったが、江田島で終戦を迎えたという。日本橋に戻ると、和菓子店を営んでいた実家は空襲で焼け、姉は亡くなっていた。悔しくて、「マッカーサーを殺してやる」とまで考えたそうだ。

英語が堪能で、映画とジャズが好きだった。学生バンドを進駐軍のクラブに紹介する仕事をした後、朝霞にやってきて、米兵を相手にしたジャズ喫茶を開いた。海軍出身であることから、店名は〈海〉にした。当時、米軍基地内のクラブなどでは、江利チエミやフランキー堺、渡辺貞夫ら後年活躍するミュージシャンが出入りして、ジャズを歌ったり演奏したりしていた。

小宮さんによると、一晃は店を始める時、近隣で商売をしていた人たちから、「朝霞は女で商売するところだ」と反対されたという。すでに米兵を相手にした「パンパン」が集まり、米兵と女性の利用をあてこんだ飲食店や、客引きをする男性たちなどでにぎわっていたのだろう。女性たちは街の経済にも深く関わっていた。

周囲の否定的な反応をよそに、ジャズ喫茶は米軍の将校らに受けた。常連客が増え、一晃は客から「ジャニー」と呼ばれ、親しまれていた。米国の音楽雑誌を読んでジャズのレコードを選び、米兵に頼んで米国から取り寄せてもらった。将校らは店で音楽を聴いて過ごしたほか、一晃がクリスマスなどに彼らを自宅に招いてパーティーを開くなどした。客に「温泉に行きたい」と頼まれ、一晃が案内役をして、米兵たちを温泉に連れて行ったこともある。店で保管されているアルバムには、温泉地で、米兵と仲良く肩を並べて笑顔を見せる一晃の写真がある。「マッカーサーを殺したいとまで思ったのに、米兵相手の仕事をするところが、おやじの面白いところですね」。写真を見ながら、小宮さんは微笑んだ。

当時、南栄通りで撮影したとみられる写真では、新装開店したレストランの前で、商店主らが二〇人あまり集まって笑顔を向けており、その中央に一晃がいる。レストランには店名とともに〝NEW OPEN TODAY〟と書かれた英語の看板が掲げられ、通りにも〝HOCK SHOP（質屋）〟など英語表記の店が確認できる。二〇一三年に八四歳で亡くなったが、晩年は請われて地元の中学や高校で米兵がいた頃のことを話していたという。

三〇年以上前に店を継いだ息子の小宮さんは、〈海〉がオープンしてから六年後、一九五八年に生まれた。〈海〉はもちろん、米軍が常に身近にある環境で育った「基地の子」だ。ベトナム戦争時、朝霞に野戦病院が置かれ、負傷兵などが運ばれていたことは忘れられない。一方、基地が開放された日には、日本には流通していなかったパンにぬることができるペースト状のチーズや、炭酸飲料のドクターペッパーやペプシコーラなどを飲み食いし、アメリカ文化にも親しんだ。

そんな小宮さんにも、ここで「パンパン」と呼ばれていた女性たちの記憶が残る。

小学校の低学年頃、〈海〉の近くには女性が暮らす小さな一軒家があった。田中さんらの話によると、朝霞には当時、急ごしらえの小さな住宅がいくつもあり、女性がそこで米兵を相手にしていたという。

そのそばで小宮さんが缶蹴りをしていると、一軒家に白人兵が入っていった。「〈海〉のボクだよね。ちょっと待ってて」。「お姉さん」からそう声をかけられ、三〇から四〇分待っていると米兵は出ていった。その後、女性は米兵にもらったとみられるチョコレートなどのお菓子を小宮さんにくれたという。小宮さんが家に帰り、両親にそのことを伝えると「もらったらだめだ」と怒られた。成長するにつれ女性が米兵と何をしていたかだんだん理解するようになり、いつしか「いけないことをしている」と感じるようになっていた。

日本人女性と米兵との間にできた子どもも身近にいた。小宮さんは「ハーフのお姉さん」によく遊んでもらったという。「きれいな子が多くて、芸能界を目指した子もいたと思う」と話す一方で、悲しい思い出もある。当時、行きつけの銭湯には、黒人兵との間に生まれた女の子が通っていた。母によると、女の子は「なんで私の肌の色はほかの人と違うんだろう」と泣きながら体をゴシゴシとこすっていたという。

上の世代の田中さんもそうだが、こうした出来事が日常にある基地の町では、子どもへの悪影響を懸念する声が上がっていた。

埼玉県教職員教育組合連合がまとめた「埼玉の教育　第七次　教育研究埼玉県集会報告」（一九五七年）では、以下のような、集会での教師の発言が紹介されている。

「町の道路、停車場、アメリカの兵隊と手をくみ、チュインガムをかみながら、クレパスでぬりつぶしたような極彩色の服装の女たちには別に不思議を感じない。男の生態、くらし、かくすべき世界が、ありのままにのぞけるのがここの子供たちである。校外指導に行けば畠の道や林の陰に、必ずゴム製品が落ちている。子供は目にふれても気にしない。大人の生活の必需品であるものの如く免疫化してしまっている」

子どもを心配する気持ちが強いからだろうが、いかにも風紀に厳しい大人らしい紋切り型の視点だと感じる。確かに基地の子たちは特異な体験を重ねているかもしれないし、そういった環境で育った影響がまったくなかったとは言い切れない。しかし、大人になった田中さんや小宮さんと接して感じたのは、女性たちや「ハーフ」の子たちへのエンパシー（共感）を持っていたということだ。エンパシーとは、自分とは違う立場の人がどう感じているか、を想像する能力を指す。英国在住のライター、ブレイディみかこ氏が「元・底辺中学校」に通う息子が人種差別や貧困の問題に直面しながら成長していく姿を描いたベストセラー『ぼくはイエローでホワイトで、ちょっとブルー』（二〇一九年）で使われ日本でも広まった。

田中さんや小宮さんのような、朝霞の子どもたちは、多様な大人や子どもが集まり、ある種混沌とした特異な状況で育ったからこそ、エンパシーが自然と身についたのかもしれない。女性やその子どもたちが必死で生きる姿を見て、漠然とかもしれないが、厳しい境遇やつらさを感じ取っていたのだろう。

小宮さんは「お姉さん」との思い出をこう振り返る。

「あのお姉さんは生活のためにやっていたんだ、とわかるようになったのは、もっと大きくなってからです。お菓子のことでは怒られましたが、父はお姉さんをおとしめるような言動はしていなかったと思います。近所のストリップ劇場で働く女性たちの子どもの面倒を店で見てあげていました。だからこそあのお姉さんも〈海〉のボク、と親切にしてくれたんじゃないでしょうか」

売春防止法から反基地運動まで

街娼は朝鮮戦争の後、急激に少なくなっていったが、田中さんによると、ベトナム戦争が終結する一九七五年頃まで見られたという。朝霞では治安の悪化が指摘され、一九五〇年九月に「売淫等取締条例」が制定されるなどし、たびたび街娼が検挙された。地元紙「埼玉タイムス」には、「朝霞で闇の女三十八名　十二名の客引男も検挙」（一九五〇年一一月二六日）といった記事や、一九五二年に朝霞の繁華街に米兵が立ち入り禁止（オフ・リミッツ）となり、打撃を受けた繁華街の業者がたびたび陳情を重ね、数カ月後に解除された記事が確認できる。一九五五年九月三日の「毎日新聞」では、「基地さまざま」という連載で朝霞を取り上げ、「さびれる〝兵隊の町〟」として、米兵が少なくなり、繁華街が閑散としている様子を描いている。この地域一帯が、基地に経済を依存した町になっていて、なかでも娼婦たちが大きな役割を担っていたことがわかる。

その後、ベトナム戦争などを契機に反基地運動が盛んになり、一九七六年には基地の大部分が日本に返還された。

一方で一九六〇年には米軍が撤退した基地の跡地に陸上自衛隊朝霞駐屯地が開設された。九一万平方メートルの広大な敷地には陸上総隊司令部や東部方面総監部のほか、小さい子どもに人気の陸上自衛隊広報センター(りっくんランド)や女性自衛官教育隊などが置かれている。隣接する訓練場は、一九六四年、二〇二〇年と二度の東京オリンピックで、射撃競技の会場として使われた。

同じくかつて米軍基地があり、売春がおこなわれたとされる東京都立川市の一九五〇年代後半の状況について、婦人相談員をしていた女性が、『東京都の婦人保護』(東京都民生局、一九七三年)で振り返っている。婦人相談員とは、一九五八年全面施行の売春防止法に伴い、売春婦を「更生」させるため設けられた。

それによると、売春防止法ができた当時、すでに住民の大半は基地依存の生活を余儀なくされていた。民政委員らの証言から「国鉄立川駅を南北に二分して毎夜立ち並ぶパンパンの数は、一〇〇〇人を下らなかった」とし、「彼女達の殆どは地方出身者であり、その大半は住民登録もない状態であった」と述べている。売春防止法施行後も売春はなくなることはなく、「夜の街の光景などはさながら上海あたりの租界地を思わせ、刺激的な横文字のネオンサインの下で片言の米語で兵隊を相手に客引きしているさまは、とても日本の街とは思えなかった。彼女達が街に立って検挙されてくるのは氷山の一角で、基地売春の殆どはバーやキャバレーで取引されていた」という。バーの経営者らは、女性たちに店で充分に稼がせた後、客の兵隊と外出することを許可する一方、職場を離れたとして法外な「外出料」を払わせていた。

朝鮮戦争後は米兵も金払いを渋るようになり、安くあげるため女性たちの部屋を使う者が増えた。婦人相談員は、それによって米兵との間に生まれた子どもが「大きな犠牲となっていた」と述懐する。女性が子どもを育てている場合、「六畳一間に大きなダブルベッドが置いてある、そこへ母親が兵隊を連れてくると、子供は急いで小さな押し入れの中にかくれてじっとしている」というのだ。

さらに婦人相談員は基地売春の特徴として性病対策を挙げ、外国人相手の店は「自主的に」という形をとって女性が性病の検診を受けていたとする。「性病まん延のひどい一時期には、兵隊に感染すると直ちにその感染源である女を捜しにＭＰが店にやってきて、女を見つけると強制的に連れて行き治療をしたこともあった」と、当時も強制的なキャッチがあったと明かしている。

これまで述べたように、米軍は兵士の買春を認める一方、兵士の間で性病がまん延することを恐れた。そこで一方的に「感染源」とみなされ、性病対策の標的にされたのが女性である。米兵と関係を持っているとみられる女性を強制的に検査し、管理することで兵士の性病感染を防ぐという発想は、終戦直後から一貫していると言えよう。

それは著しい人権侵害であり、女性のみに責を負わせる極めて不当な扱いだ。しかし、女性を支える立場であるはずのこの婦人相談員すら「感染源である女性」と表現しているところをみると、当時多くの日本人は、女性がそのような扱いを受けることをおかしいと思わず、むしろ女性に問題があるという見方までしていたと考えられる。

神崎清による『決定版・神崎レポート　売春』には衝撃的なエピソードが紹介されている。神崎が一九五四年に発表した文章によれば、米兵の間で「黄色い便器」（イエロー・ストゥール）という言葉が流行しているというのだ。これはパンパンを指す言葉で、米兵がパンパンを買いに行くことを「黄色い便器に排泄に行く」と表現しているという。神崎は情報源などを明記しておらず、伝聞やうわさの可能性もあるが、「黄色」という日本人に対する人種差別に加え、「便器」からは女性を性欲処理の対象としかみていないという強烈な蔑視が感じられる。

本章で証言をたどってきたように、パンパンの多くは貧困や孤独、差別の中で苦しみながらも、懸命に生きていた。基地で売春する女性も同様だろう。彼女たちを思うと、「黄色い便器」はあまりにも酷く、怒りすらわいてくる蔑称だ。しかし、神崎の見方は違う。買春をする米兵や米軍を批判的に論評し、パンパンを「大切な日本の娘」とする一方、「アメリカ兵の汚物にまみれた彼女たちは、みずから『黄色い便器』たることを恥じ、いきどおって、もとの『人間』に戻る決心ができないものであろうか」と述べている。そこには前述の婦人相談員のように、売春する女性に問題がある、という一方的な見方が前提としてあり、女性の事情や気持ちをおもんぱかったり、寄り添う姿勢は皆無だ。むしろ米軍を批判する材料として女性を扱っているように感じられ、何のためらいもなく「黄色い便器」という言葉を多用している。

神崎が当時の日本人の見方を代表しているとまでは言えないが、少なくとも敗戦国の男性がパンパンをどう見ていたか、その典型をうかがい知ることができるだろう。

口をつぐむ人々

朝霞の米軍基地のそばで育った田中さんは、一見華やかに見えるオンリーも含め、「パンパン」は蔑視の対象だったと感じてきた。家が貸席を営んでいた田中さん自身も、友人の親から「淫売屋」と言われたことがある。進学や就職がままならない娘が「オンリー」となり、家族の生活を支えていた家もあったという。

「そういう家は暮らしぶりが急によくなるので、すぐわかります。近所の人たちは『あの家は娘にパンパンをやらせている』と陰口をたたいていました」。なかには米兵と結婚し、アメリカに渡った人もいたが、朝霞から出た後、消息がわからない女性も多くいる。

田中さんは市民らでつくる歴史研究会に勧められ、二〇一四年頃から子ども時代の記憶を紙芝居にして、地元の人々に伝えるようになった。描いた絵は一〇〇〇枚に及び、そこには赤や水玉模様の派手なワンピース姿の娼婦が頻繁に登場し、ベリーなどのエピソードを詳しく紹介している。「朝霞が娼婦によって潤っていたのは事実ですし、僕にとってはみんな優しくいいお姉さんでした。また会いたいです。だからお姉さんたちの名誉回復、というか、どんな人たちだったかをきちんと伝えたいと思っています」

しかし、田中さんの活動を歓迎しない人もいるという。地元の人間らしい男性から電話がかかってきて、「なんでそんなことをするのか。だまっておけ」とすごまれたことがある。「負の歴史」をあえて伝える必要はない、ということなのだろう。

田中さんは目を伏せたまま、静かに語った。「地元はいまもこんな状況で、大半の人が知っていても黙っています。公に語っているのは、私ぐらいでしょうね。元娼婦の女性たちはなおさら話さないでしょう」

数年前、田中さんが紙芝居の絵の展示をした際、それを聞きつけたのか、貸席を使っていた元娼婦の女性から電話がかかってきた。面倒見のよかった田中さんの母を慕っていたといい、「線香を上げたい」と家を訪ねてきたという。しかし女性はその後の人生については詳しくは語らず、「住所や連絡先は聞かないで。家族もいるので、探さないでほしい」と言って立ち去った。田中さんは、朝霞の近隣にはこうした女性がまだ住んでいると考えている。

もちろん、自身の過去を語らない女性たちを責めることは決してできない。彼女たちは「語らない」のではなく、さまざまな事情から「語ることができない」のだろう。同様に、「だまっておけ」と言う人々にも、そう言わざるをえない事情があるのかもしれない。取材を通じて、私はそう考えるようになった。

元娼婦との再会

田中さんに最初にインタビュー取材したのは二〇二二年一月だったが、二〇二三年一一月、ふたたび話を聞くと、意外な事があったという。

田中さんは二〇二二年春以降、通っていた温泉施設で、元娼婦ではないかと思われる高齢の女性を見かけるようになった。

小柄で細身、シャンと伸びた背筋。色のついためがねをかけ、ヒョウ柄のレギンスがよく似合っていた。足元は赤い鼻緒のゲタで、爪は赤いペディキュアが施されていた。周囲の高齢女性とは明らかに雰囲気が異なる「かっこいい」風貌に加え、田中さんが元娼婦ではないかと思った理由は、女性の仕草にあった。女性は同年代の女性数人と談笑していたが、その時、手を大きく広げたり、指を鳴らしたり、口笛を吹いたりといったリアクションをしていた。田中さんは少年の頃、米兵を相手にし、そのような仕草をする女性をよく見ていた。

「トシ坊だろ？」

田中さんが、温泉施設でその女性から声をかけられたのは、その年の秋頃だった。

田中さんを利夫という名前にちなんで「トシ坊」と呼ぶのは、貸席屋に出入りしていた女性たちくらいだった。田中さんはその女性のことは記憶になかったが、女性は貸席屋を利用したことがあると明かし、親切にしてくれた田中さんの母親のことを懐かしんでいたという。子どもの頃しか知らないはずなのに、どうして田中さんとわかったのか。そう聞くと、女性は「自分の亡くなった兄と鼻の形が似ていて、印象に残っていたから」と答えた。

その後、田中さんは女性と温泉施設で会った際、計三回にわたり女性の生い立ちや朝霞での思い出を聞いた。田中さんが聞かせてほしいと頼んだわけではなく、女性自らが語り始めたという。田中さんは女性から聞き取った内容をノートに書き残しており、それを見ながら自身の体験なども交え、取材に応じてくれた。

二〇二二年時点で、女性は八六歳だと言った。一九三四年か三五年生まれとみられ、朝霞では「アカネ」(仮名)という名で商売をしていたという。

アカネさんは北関東の山間部で生まれた。父は炭焼きの仕事をしていた。母はアカネさんが幼い頃に亡くなっており、父、兄二人と暮らしていた。生活は貧しく、アカネさんは兄のお下がりの服ばかり着ていたため、「男」と呼ばれた。他の女の子のように、髪をリボンで飾ったり、スカートをはいたりすることはかなわなかった。

学校では貧しいがためにつらい思いをした。アカネさんは「あたい、結構かわいかった」と語るが、小学校の学芸会ではお金持ちの子にいい役が回された。友人が先生にアカネさんを主要な役にするよう推薦しても、聞き入れられなかった。

このままこの土地に残っても、地元で名士といわれる家のお手伝いさんか、子守になるくらいしか道がない。そうすれば、またひどい扱いを受け、みじめな思いをするかもしれない。それは嫌だと考え、アカネさんは中学を出てすぐに上京し、東京の工場で働き始めた。そこでは近くの工場の若者から食事に誘われるなどちやほやされたが、ある時、工場の主人にレイプされた。ショックを受けたアカネさんは着の身着のまま工場を飛び出し、上野へ行った。

行き場を失ったアカネさんは、先述したベリーさんと同様に、上野で娼婦と知り合う。その娼婦から「朝霞に行ってみな」と言われ、朝霞の地を踏んだ。工場には一年もいなかったので、一六歳ぐらいの頃だ。

「それからは住むところもない、乞食パン助だった。トシ坊が見てたとおりだよ」

アカネさんも例にもれず、先に紹介した「白百合会」というパンパンのグループに入った。田中さんによれば、白百合会には厳しいルールがあったが、アカネさんのように若い女性がやって来ても生き延びられるよう、食べ物を買うためのお金をわたしたり、雨風を避けられる野宿の場所を教えたりしていたという。そのおかげでアカネさんもパンパンとして食いつなぐことができた。

アカネさんは、自分は「オンリー」にはならない、と決めていた。オンリーは相手がいる間は比較的安定した収入があり、家や物資を与えられるが、契約を交わしているわけではないので、いつ相手が米国に帰るなどしていなくなってしまうかわからないし、心変わりして別の女性と関係を持つ可能性もある。そうすればたちまち経済的に困窮するので、自分はオンリーはいやだ、不特定多数を相手にした方がいい、と考えたらしい。

このためアカネさんは、米軍基地に入ったことはない。田中さんに「入りたくないよ」と言い、こう続けたという。

「仕方がないから（米兵を）お客にして、おぞましいことをされているんだ。夜空の星を見ながら歯を食いしばって、アメ公が果てるのを待ってるんだよ。そんなことをするアメ公がいっぱいいるようなところへ誰が行けるか。ふざけんじゃないよ」

また、日本人を相手にしたパンパンもいたが、アカネさんは日本人の客は一切とらなかった。日本人の場合、同胞《はらから》割引といって、米兵より二割ほど安くする習慣があった。「戦地から生きて帰って来てご苦労様でした」という意味が込められていたらしい。しかし、アカネさんは二人の兄を戦争で亡くしたといい、「兄のことを考えたら、戦争から帰って来たからってなんで二割引で体売らなきゃいけないんだ」と田中さんに涙を流して語った。

当時、朝霞には体を張って稼ぐパンパンに近づき、「ヒモ」になってもうけをかすめ取る日本人男性もいた。客引きやヤクザ者が、甘言を弄《ろう》して女性を操り、客を取らせるなどして利益を搾取していたのだ。

アカネさんも、ある男性から「おれの女になれ」と声をかけられた。その男性は、田中さんも知っている人物で、俳優の故・勝新太郎に似ていたことから界隈では「カッシン」と呼ばれていた。「カッシン」は少年の頃から不良行為が絶えず、事件を起こしたことから東京・練馬にある東京少年鑑別所（通称・「ネリカン」）に入っていた。当時は鑑別所から出た少年たちを「ネリカン上がり」と呼び、本人たちは勲章のようにとらえていた。「カッシン」もネリカン上がりの経歴をひっさげて、朝霞の町を闊歩《かっぽ》していたらしい。

「カッシン」は常に七、八人の女性と関係を持ち、ヒモとなって金を受け取り遊び歩いていた。女性からもらった金で車を買い、乗り回していたという。しかし、アカネさんは、カッシンからの誘いを断った。「男のくせに、女から搾り取って遊んでるやつなんて、顔を見ただけでむしずが走る」ときっぱり言い放ったという。

そして田中さんに、「ヒモはノーサンキュー。私はそんな弱い女じゃない。ヒモにいいようにされる女は一人で立ってられないんだ」と語った。

カッシンはその後もヒモを続けていたが、四〇歳頃に心筋梗塞で急死した。

女性たちにつけこむのは、ヒモ男だけではなかった。ある宗教も信者を増やそうと、パンパンやキャバレーなどで働く女性たちを狙って熱心に勧誘した。アカネさんも誘われたというが、実際に入信したかどうかは定かではない。

田中さんの貸席屋にも、同じ宗教の関係者が訪れ、無断で女性たちのいる部屋に行って勧誘していた。田中さんによれば、「こんなこと（売春）をしていると後で悪いことが起きる」といった、半ば脅しのようなことを言って入信を迫っていたという。

アカネさんはそのほか、パンパンをやっていたときのメーク方法、当時内ももに緋牡丹の柄の入れ墨を入れ、今も残っているが年を経て「くさったキャベツ」のようになっていることなどを笑いながら語った。

田中さんから聞くアカネさんの言動から判断する限り、独立心が強く、誰かに、とくに男性に依存することをよしとしない、さっぱりした性格のように思える。憧れる人も多かった「オンリー」が嫌だという主張からは、米兵との関係をあくまで金銭を稼ぐ手段としてとらえ、一定の距離を置き、自分のコントロールできる範囲で商売をしたい、という強い意志が感じられる。また、すでに触れたが、娼婦になったきっかけとして、性暴力被害の体験があった点は、同様の事例がパンパンの手記でも複数確認されている。アカネさんも、専門家が指摘するように、自身の尊厳や主体性が侵害されたために自暴自棄になっていたと考えれば、娼婦になって以降、尊厳や主体性を取り戻すために、誰にも頼らず、独自の美学やこだわりを持って「娼婦」という仕事に向き合っていたと解釈することもできる。

アカネさんは、いつまで娼婦をしていたのか。はっきりは言わなかったが、「当時のパンパンの平均は二二歳ぐらいで、二八歳になると仲間からも面と向かって『ババアパン助』と呼ばれてたね。私は相当のババアまでやってたということになる」と話していたという。少なくとも、三〇歳ぐらいまでは続けていたのかもしれない。

ただ、それ以降、アカネさんが何をしていたのか、家族はいるのか、今何をしているのか、などの話は一切出なかった。

田中さんと三回思い出話をした後、二〇二二年一〇月頃からアカネさんは温泉施設に姿を現さなくなった。アカネさんと以前そこで談笑していた女性たちに聞いてみても、顔を合わせたら話す程度で、連絡先や住所を知っている人はいなかったという。「体調を崩して亡くなった」と言う人もいたが、それも正しいかどうかわからない。

田中さんは「どうもあのあたりに住んでいるらしい」という情報を基に、施設の近隣の自治体まで探しにいったが、手がかりはつかめなかった。

「過去を知られたから、これ以上詮索されるのが嫌で、顔を出さなくなったのかもしれない」

田中さんは今、アカネさんの心境をそう推測している。

アカネさんは今も元気であれば、九〇歳手前。女性の平均寿命を考えれば、先述した、連絡先を言わずに去った女性やアカネさんのように、娼婦の過去を持ちながら、周囲に明かすことなくひっそり暮らす人は他にもいるのかもしれない。

伝説の娼婦、メリーさん

同様に占領軍で賑わった、横浜や横須賀にも、多くの娼婦がいた。

横浜・伊勢佐木町。港町で明治時代から栄えた繁華街は、青江美奈の「伊勢佐木町ブルース」でも知られるが、昭和の終わり頃から横浜駅など周辺の開発が進み、徐々に老舗が撤退。今は新顔の店などが入り交じり、面影も変化してきた。

その一角にある駐車場には、かつて終戦直後から二四時間営業でにぎわった大衆酒場〈根岸家〉があった。そこは「パンパン」と呼ばれた女性たちと占領軍の米兵たちが集まり、出会い、交流した場でもあった。

「伝説の娼婦」といわれる女性も、根岸家の前で客をとるために立っていた。顔を白塗りし、白いドレスに身を包んだ姿で。人々は女性を「メリーさん」と呼んだ。

メリーさんは、米兵を相手にした「パンパン」だったが、戦後も長く街頭に立ち続け、娼婦をしていたという。その特徴的な風貌から、横浜では都市伝説のように語られ、「元華族だった」「アメリカに帰った恋人を待ち続けている」などいろいろなうわさが飛び交っていた。

「キャッチ」を目撃したと証言した横浜育ちの女性（七九歳）は、高齢のメリーさんを伊勢佐木町で何度か見たことがあるという。「こんなこと言ったら失礼ですが、顔面は白塗りでしわだらけでした。お客さんをとっていたのか、どういう風に生活の糧を得ていたのかわかりません。馬車道のビルの一階で寝泊まりしていると聞いたことがあります」

メリーさんについては、その生き様を追ったドキュメンタリー映画『ヨコハマメリー』（二〇〇六年）の中村高寛監督が、その製作過程をつづった『ヨコハマメリー――かつて白化粧の老娼婦がいた』（二〇一七年）や、『白い孤影　ヨコハマメリー』（檀原照和、二〇一八年）が詳しい。後述する五大路子さんによるメリーさんをモデルにした舞台は現在も続けられている。

それらによると、メリーさんは一九二一年、中国地方の生まれ。一九五〇年代後半から六〇年代初めにかけ、横須賀の繁華街・どぶ板通りで娼婦をしていたという証言がある。横須賀は終戦後、米海軍に接収され、朝鮮戦争やベトナム戦争の前線基地となっていた。当時、繁華街は多くの米兵でにぎわったという。横須賀でホステスをしていたという女性によると、メリーさんは「一七世紀のルイ何世みたいな格好」で、帽子とレースの手袋を身につけ、柄《え》の長い日傘を持ってレコード店などの前に立って客を待っていた。

一九六二年頃、横浜で目撃される。それが根岸家の前だ。メリーさんは「特異な風貌の老娼婦」として八〇年代に週刊誌などで取り上げられ、注目される。淡谷のり子「昨夜の男」など歌謡曲のモチーフとして使われたこともあり、一気に広まったようだ。しかし、その後はホームレスのような生活を続け、一九九五年に知人の勧めもあって故郷に帰った。余生は老人ホームで過ごし、二〇〇五年に八三歳で亡くなった。

メリーさんはなぜ娼婦になったのか。中村監督らは多くの関係者にあたっているが、本人からその理由をきちんと聞いた人はいない。自分の過去についてはほとんど明かさなかったようだ。

「週刊アサヒ芸能」（二〇〇六年三月二日）が取材したメリーさんの親族によれば、メリーさんは農家に生まれ、十代半ばに父を亡くした。地元で結婚したがすぐに離婚。メリーさんの自殺未遂がきっかけだったという。子どもはいなかった。その後地元を離れ、一九五〇年代はじめ、横浜・横須賀方面へ行ったとされる。

本章で紹介した、『街娼　実態とその手記』の調査でも、街娼には家に居づらくなって家出をしてきた人が多いことが示されている。離婚して実家に戻ったケースも含まれており、親族の話が本当であれば、メリーさんもこれに該当するだろう。

メリーさんが長く娼婦を続けた理由はわからない。ただ、女性がふとしたきっかけで人生につまずき、一人で生きようとした時、糧を得るための選択肢はあまりにも少なかったと言えるだろう。

現在もその状況は変わらない。私が想起したのは、二〇二〇年一一月、東京都渋谷区で路上生活を送っていた六四歳の女性が頭を殴られ死亡した事件だ。女性は仮眠場所に使っていた幡ケ谷のバス停のベンチに座っていたところを、近くに住む男に襲われた。男は「お金をあげるからバス停からどいてほしいと頼んだが、断られて腹が立った」と供述したとされ、傷害致死罪で起訴されたが、初公判の前に自ら命を絶った。

「毎日新聞デジタル」(二一年一一月一六日)によると、女性は広島市生まれ。地元の短大を出てアナウンサーを目指し、結婚式の司会の仕事などをしていたが、二七歳で結婚して上京。約一年後に離婚して郷里に戻ったが、三〇歳頃ふたたび上京して働き、一人で暮らしていたらしい。

その後の三〇年ほど、女性が何をしていたかは明らかではない。晩年は都内のスーパーで非正規の食品販売員などをしていたが、自宅アパートの家賃を滞納するようになり、事件の三年前に退去させられていた。二〇年二月に仕事をやめ、春頃から事件現場となったバス停で仮眠をとる姿が目撃されていたが、親類など周囲に助けを求めた形跡はなかった。

記事に添えられた二〇代の頃の女性の写真は、愛らしい顔立ちに朗らかな笑顔で、胸にコサージュを付けた赤い服がよく似合っていた。夢破れた後、結婚生活もうまくいかず、地元に居づらくなって一人で生きる道を選んだのだろうか。

非正規の仕事は不安定で、女性はより低い賃金で働かされる。二〇二二年、民間団体「わくわくシニアシングルズ」が四〇歳以上のシングル女性約二四〇〇人を対象に実施した調査では、八割以上が働いていたが、うち約四割が非正規雇用で、三人に一人が「年収二〇〇万円未満」だった。

時代も状況も異なるが、周囲に助けを求めなかったこの女性が、離婚後、家を出て孤高の生き方を貫いたとされるメリーさんと、少し重なるようにも見えた。

メリーさんのライバル

取材を進めるうち、先述した伊勢佐木町の根岸家の前で、もう一人、メリーさんと同時期に娼婦として立っていた女性が今も横浜市内にいるとわかった。

きっかけは、俳優の五大路子さんの著書『Rosa　横浜ローザ、25年目の手紙』だ。五大さんは一九九一年に初めてメリーさんを見かけてその存在感に圧倒され、一九九六年からメリーさんをモデルにした舞台『横浜ローザ』の上演を続けている。ひとりの女性の生き様を通じて日本の戦後史を描くもので、二〇一五年にはニューヨーク公演も果たした。

五大さんの著書には、「もう一人のローザ」として元娼婦の女性、山下奈美さん（仮名）が紹介されていた。五大さんが一九九八年、テレビ神奈川のドキュメンタリー番組の撮影で出会ったといい、当時は横浜・曙町《あけぼの》でバーのママをしていた。山下さんは店を訪ねてきた五大さんに、自身のことは語りたがらなかったが、メリーさんとの思い出を明かした。山下さんは一九六〇年代初め、金髪にブルーのアイシャドウ、濃いめのアイライン、真っ赤なルージュという出で立ちで根岸家の前に立っていた。「金髪の山下」と呼ばれていたという。

そこに現れたのが白い帽子、白いドレス姿のメリーさんだった。メリーさんは山下さんに近づいて顔をじっとのぞきこんでいたが、数日後見かけたときは、黒髪を金髪に染め、化粧もくっきりしたアイシャドー、アイラインになっていたという。山下さんはメリーさんが「私のまねをした」と語っている。

山下さんはまだ健在なのだろうか。古い史料でしか確認できなかった元娼婦の話を直接聞きたい。五大さんが山下さんの店を訪ねてから二〇年以上たっており、山下さんも相当高齢のはずだ。閉店している可能性は高いが、誰かに店を譲っていたり、知り合いがいたりするかもしれない。そう考え、二〇二一年夏、私は五大さんの著書に出ていたバーの店名を頼りに、町内を探し回った。元青線地区（非合法の売春エリア）で、現在は風俗店のほか、バーやスナックが並ぶ。コロナ下で休業中の店が多いなか、営業していた酒店や青果店の店主らに聞きこみをしたが、その店や山下さんを知る人は見つからなかった。

手がかりを求め、五大さんの事務所に連絡をとってみた。すると五大さんはすぐに電話をくれ、山下さんとは現在も付き合いがある、と話した。撮影で出会って以来、山下さんを『横浜ローザ』の公演に毎年招待しており、欠かさず来てくれていたという。二〇二〇年はコロナ禍で公演が中止になり、二一年は再開したものの山下さんから「コロナ（の感染が拡大しているの）で行けない」と返事が来た。

「仕方ないでしょ、生きるために」

五大さんによると、山下さんは現在九〇代。店はたたみ、横浜市内で一人暮らしをしているという。山下さんを紹介してほしいと頼むと、五大さんは申し訳なさそうに言った。

「耳が遠くなって、電話で会話するのも難しい状況です。体調もあまりよくないようなので、紹介は難しいですね」

幸い存命であることと、近況は確認できたが、取材は難航が予想された。もう一人、山下さんと接点を持つ人物がいた。ドキュメンタリー映画『ヨコハマメリー』の中村高寛監督だ。同時期、メリーさんに関する資料に目を通していたところ、この映画に山下さんが出演していることに気付いた。白髪をヘアバンドできちんとまとめ、ベージュのニットに紫のスカーフ姿。低めのハスキーな声で、先述した、根岸家前でメリーさんに出会った時の思い出を語っていた。テロップは名前のみで、やはり自身のことについては話していない。出演は映画の序盤、一分程度だ。

ただ、映画の終盤で、横浜の街の映像とともに再び山下さんの音声が流れた。「パンパン」をどう思うかと聞かれ、こう語っていた。

〈パンパンというのは進駐軍、戦争に負けた国の女が連中にこびをうって糧を稼いだ人間に対する名称なのよ。だから独特な戦後の言葉でしょ。でも、それに対して仕方ないでしょ、生きるために。悔しいって言ったって仕方ないでしょ。生きていけないんだから。誰が見てくれる。誰が養ってくれる。どうってことないですよ。人に何を言われようと。うん、それこそぼろを着てても、何を言われようと心は錦《にしき》でいればいいと思って〉

「仕方ない」と自分に言い聞かせるように繰り返していたのが印象的で、胸に残った。

私は中村監督にも連絡をとった。二〇〇六年の映画で、公開からすでに一五年がたっている。山下さんと今もつながりがあるかどうか定かではなかったが、中村監督は映画撮影の後も山下さんとの付き合いを続け、関係性を深めているようだった。

中村監督は横浜でバーを経営していたシャンソン歌手の永登元次郎氏（故人）から山下さんを紹介され、映画に出演してもらったという。映画でも明らかにしていたように、自身も過去に「男娼」をしていたという永登氏は、山下さんが生活保護を受けられるよう世話をした人物で、メリーさんにも時々お金を渡すなど気を配っていたようだ。中村監督は「山下さんは自分からは積極的に語りたがらない人ですが、世話になった元次郎さんから紹介されたから、取材を受けてくれたのでしょう。映画では、主題であるメリーさんに関して話すシーンを中心に構成しました」と明かした。私は山下さんへの取り次ぎを依頼したが、「自分が表に出ることで親族に迷惑をかけたくないという思いがあるようです」とのことだった。

取材ではこうしたことはままある。それでも粘って交渉を続ける、という手もあるが、今回は諦めざるをえないだろう、と直感した。たとえ無理をして会ったとしても、そもそもほとんど語ってこなかった過去の経験を、見ず知らずの記者に簡単に明かすとは考えにくい。「親族に迷惑をかけたくない」という思いも尊重したかった。その一方で、いまだに「娼婦だった過去が周囲への迷惑になる」という現実を突きつけられたようで気持ちが重くなった。私はあらためて「娼婦の声を聴く」ことの難しさを実感した。

家族を養うため

ただ、中村監督は山下さんの経歴について、映画の製作過程をまとめた書籍『ヨコハマメリー』で触れていた。インタビューしたものの、映画では出せなかった部分だ。要約すると次のような内容だ。

山下さんは一九二八年生まれ。一七歳の時に福岡市で終戦を迎えた。

家庭の事情で父はおらず、母親と弟二人を養うため、小倉の占領軍専用のキャバレーで働き始めた。最初はダンサーとして、客とダンスを一回踊っていくら、という形で収入を得ていた。しかし、米兵に「オンリーになる」と言って金をだましとっているうちに、客が次第に離れていき、ついに体を売る決断をして「オンリー」になった。性体験は初めてだったという。

一九五〇年に朝鮮戦争が始まってからは、休暇中の兵士が莫大な金を使うため稼いだというが、停戦で客は減った。友人のつてを頼り、一九五三年、二五歳の頃横浜へ。横浜では伊勢佐木町の根岸家の前に立ち、客を待つようになった。一匹狼だったが、次第にほかの娼婦から慕われ、リーダー的存在になった。一九七五年にベトナム戦争が終結すると、米兵が少なくなり、日本人も相手にするようになった。客引きなどを頼らず、ひとりで交渉するため危険も多い。伊勢佐木町を歩いていて若い男に腹部をドスで刺され、一命を取り留めたこともあったという。山下さんはそれでも仕事をやめようと考えたことはなく、「家族のために」という思いが唯一の支えだったという。

いつ娼婦をやめてバーを始めたかは定かではないが、山下さんは一七歳から三〇年以上、米兵を相手にした仕事をし、うち少なくとも二〇年は横浜で娼婦をしていたことになる。

これまで述べてきたように、経済的理由で娼婦になった女性は多いが、山下さんも母子家庭で、母や弟を養うためと語っている。紹介した『街娼――実態とその手記』の街娼への調査では、ほぼ半数が経済的理由で街娼になったとしており、山下さんのように経済的負担を背負いやすい長女の割合が高かった。ダンサーとして働いて米兵と関係を持つようになったという証言も目立ち、調査では街娼の前職がダンサーだった割合は二六％ともっとも高かった。こうしてみると山下さんは娼婦となる典型的ケースだったとも言えるかもしれない。

「もう一度生きてみようと」

五大さんは山下さんとのやりとりについてこう振り返る。

「舞台で娼婦を演じている私は、山下さんの生き様を知りたかったのですが、何度聞いても最初は絶対語ろうとしませんでした。一〇年ぐらいたってやっと、舞台を見に来てくれた際に楽屋で少しずつ、お話ししてくれるようになったんです」

五大さんが印象に残っているのは、山下さんが「私は人を愛するということがわからない」と言っていたことだ。若くしてこの仕事についたために、恋愛感情を持つことができなかったというのだ。そして楽屋にいた若いスタッフたちに、「私には青春がなかった。皆さん青春を大事にして、今をエンジョイしなさいよ」と声をかけていた。

五大さんによると、山下さんは、「とても強くて、ナイーブな女性」。生活は楽ではないのに、身だしなみには常に気を使い、高齢になってもローヒールをはき、立ち姿もきれいだった。あるときは「めがねが壊れて代わりがないから」と舞台を見に来なかったこともある。五大さんはプレゼントしようとしたが、一切受けとろうとしなかった。

　山下さんと出会った一九九八年頃、五大さんは娼婦を演じたことについて批判を受けることが多かったという。マスコミからは「戦争のことを何もわかっていない」と批評され、一般の人たちからは、「娼婦を礼賛している」と冷ややかな反応をされた。別の芝居で実在の人物を演じようとした際は、その遺族から「娼婦を演じている人がうちの親族の役をやるのか」と否定的に捉えられた。「日本で娼婦がどんな風に見られているのかを痛感しました」と五大さんは語る。

　演じ続けていいのか迷い、山下さんに尋ねたところ、「やってちょうだい。私たち男も女も青春ちょんぎられたんだから」と背中を押してくれたという。以来、山下さんの存在が舞台を続ける五大さんの心の支えになっている。

　五大さんは自身の舞台を、「時代に翻弄されながらも強く生きた、ひとりの女性の生き様が、見る人に力を与える」と考えている。一〇年ほど前、風俗で働いているという、子を持つ女性が舞台を見に来たことがある。女性は舞台終了後、観覧者に記入してもらうアンケートに、こんな主旨の感想を書き残した。

「リストカットをして、家から一歩も出られなかったけれど、どうしてもこの舞台を見たくてきました。こんな人生を歩んだ人がいるんだ、と涙が止まらなかった。もう一度生きてみようと思います」

苦労を重ね生き延びてもなお、沈黙を強いられる「パンパン」。彼女たちの戦後はまだ終わっていない。それでも、苛酷な環境下で懸命に生きた姿を後世に伝えようとする人が存在し、その姿に励まされる女性たちもいる。

第３章　娼婦はどう見られてきたか

旧吉原遊廓入口　大門の跡地

これまで紹介した「からゆきさん」や「パンパン」が、自らの体験や思いを記録したり、第三者に伝えたりした史料は非常に少ない。

なぜか。貧しさのため教育を充分受けられず、記録することすらできなかったという側面もあっただろうが、繰り返し述べてきたように、社会で娼婦たちが蔑まれる存在としてとらえられてきたことが大きい。直接、間接にそのまなざしを感じ、差別的、侮蔑的な扱いを受けてきた娼婦たちの多くは口を閉ざさざるをえなかった。

たとえば島原の地元住民の話から、からゆきさんだった女性を「醜業婦」「淫売」などと呼んだり、陰口をたたいたりしていた。その雰囲気は太平洋戦争後に強くなっていったようだった。

戦後の「パンパン」に対しては、さらに差別が色濃い。「パンパン」という言葉そのものが蔑称として広く浸透した上、新聞でも「夜の女」「闇の女」と表現し、厄介者のように扱った。彼女たちの証言のなかにも、銭湯で子どもに「あれはパンパンだね」と言われて傷ついたというエピソードがあり、娼婦たちに部屋を貸す貸席の子どもだった男性は、「淫売屋」と呼ばれた経験を明かした。横浜の元パンパンの女性は、現在も「親族に迷惑がかかるから」と娼婦だった過去をほとんど語ろうとしない。

そもそも、娼婦への差別が生まれたのはなぜだろうか。そしてそれはいつからなのか。歴史をさかのぼって考えてみたい。

性の売買の歴史をまとめたものとしては、民俗学者中山太郎による『売笑三千年史』（一九二七年）が知られているが、現在では中山が主張する売春の起源などについては否定的な見方が多い。

中山は、「我が国の遊女なる者は殆ど年時の計算を許さぬ程の太古である神代から存した（中略）遠い昔から神社と密接なる関係を有してゐた」として、売春は太古から存在し、遊女の起源は巫女だとする。これに対し、曽根ひろみ氏は著書『娼婦と近世社会』（二〇〇三年）で、「（中山の）原始・古代における巫女が売笑婦を兼ねていたという指摘は、推定の域を出ておらず、現在の研究史状況をみても、少なくとも万葉の頃までは性奴隷や売春女性が存在したという確たる証拠はない」と中山説を否定した。

近年の研究の流れも曽根氏の主張に沿ったもので、二〇二〇年に国立歴史民俗博物館で開催された企画展示「性差（ジェンダー）の日本史」でいろいろな時代を専門とする研究者の最新の知見を集めた研究成果が紹介され、注目を集めた。

展示プロジェクトのメンバーで、『中世の〈遊女〉——生業と身分』（二〇一七年）の著書がある辻浩和氏（立命館大学教授）へのインタビューや展示の図録『企画展示　性差の日本史』、「性差の日本史」展示プロジェクト編『新書版　性差の日本史』（二〇二一年）によれば、近年の研究では、日本で職業としての売春が生まれたのは九世紀後半頃とされている。それまでの社会では男女の出会いや性的関係は緩やかで、『万葉集』では人妻への求愛・求婚の歌が多数確認できる。一夫一婦の結びつきがそれほど重視されておらず、たとえば婚姻外の男女が性交しても夫婦での性交と区別されることはあまりなかったため、性売買自体が成り立たなかった、という。

一方で、七世紀の律令制の導入によって男性が政治的・社会的な地位を独占するようになると、婚姻関係にも変化が生まれた。自分の子にその地位を継承するため、夫婦の結びつきが重視されるようになり、父が政略的に娘の婚姻相手を決めたり、夫が妻の性愛を管理したりし始めた。

九世紀後半以降、妻は基本的に夫以外と関係を持つことがなくなった。『日本古代婚姻史の研究』（関口裕子、一九九三年）によれば、夫婦外の性行為が閉ざされるなかで配偶者以外との性的関係を社会的、法的に許されない行為とみる「姦通」という概念が生じ、それと同時に、逆説的に不特定多数との性の売買の価値が生まれ、売春が成り立つようになったと考えられている。

以後、「姦通」という概念は長く続き、明治期の旧刑法に「姦通罪」が盛り込まれた。それは夫のいる女性が夫以外の男性と性交することによって成立し、処罰対象はいわゆる「不倫」した女性とその相手のみだった。妻のいる夫が夫のいない女性と性交しても罪には問われないため、不平等だとして姦通罪は太平洋戦争後に廃止された。不倫は法的には犯罪ではない現在でも、著名人、とりわけ女性で発覚するとバッシングされることが多く、概念としての「姦通罪」は残っているように感じる。

「遊女」という言葉が史料で確認されているのは九世紀後半ごろで、千葉県で出土した土器に書かれていたり、貴族の残した文集に、上皇が参加した酒宴で遊女数人が参加し貴族男性が遊女の体を触ったとの記載があったりする。

辻氏の説によれば、遊女は売春だけでなく、宿泊業や、「今様」といわれる流行歌の歌手などさまざまな生業を複合的に営んでいた。遊女自身が自立した自営業者で裁量権を持ち、女系の家業として母から娘へ引き継がれていた。遊女は家長として家族や従者の生活を支え、さらに数十から数百の遊女たちが集団となって同じ拠点で暮らしていたという。

一二世紀ごろまでの遊女の多くは、芸能など売春以外の複数の仕事を自律的にしていた点が、後の時代と大きく異なる。逆に言えば、他の仕事をしていたことで売春のみが強調されることが少なく、周囲も特別視することなく受け入れていたのではないかと感じた。

容姿で選ばれる「商品」へ

辻氏によると、遊女の位置づけが大きく変化したのは、一五世紀前半、戦国時代になってからだ。遊女屋の経営は男性がとってかわり、遊女は自立した存在から雇われの身になっていく。世襲だった遊女集団外の女性も売買春に携わるようになり、遊女屋の経営拡大を背景に女性の人身売買も行われた。

辻氏からはこんな史料も紹介してもらった。「七十一番職人歌合」という人々の絵や会話がかかれた史料に描かれているのは、男が遊女の顔をたいまつを掲げてのぞきこみ、買うと決めるやりとりだという（一六世紀ごろ）。客は遊女の容姿や年齢に評価基準を置き、買うかどうかや価格などを判断していたことが推察できる。

遊女から芸能が失われ、性を売る存在となるにつれ、容姿や年齢で判断されるなどあからさまに「軽い」扱いになっていく点は、私には印象深かった。人を容姿で評価したり差別したりすることを、現在では「ルッキズム（外見至上主義）」と呼ぶ。最近ようやく批判されるようになってきたものの、とくに女性が男性から見た目や若さで「価値」を判断され、その判断に応じた扱いをされることは現代においても変わらない。こうしてみていくと、遊女という性的に消費される象徴のような存在が、一五世紀ごろから容姿や若さで価値を決められていたことが、現代にいたるまで女性に対する評価基準に長く影響を及ぼし続けている一要因ともいえるのではないだろうかと私は思う。

蔑視は時がたつほど色濃くなっていく。辻氏は一六一九年に日本に来たスペイン人宣教師、コリャードが日本人信者の懺悔（告解）を記録した『懺悔録』にある、遊女になった女性の告白を例に挙げる。

「私が、童で両親を失うて、孤《みなしご》になりまらした。そうあったれば、世を過ぐる様がござらいで、南蛮人よりその伽に取られて、主の宿に四月の間女房のようにおりまらした。それから、人に奉公することがむつかしいと聞いたれば、本性がのうて、面目・恥辱等をも知らいで、そのまま傾城になって、女郎町へ罷り行て、我が身をば好む者に売物として、この三箇年の間におりまらした。この中に、綺麗さの為と、また煩いに逢わぬ為に、し果たされた男を去なする端的、小便してか、くっと中までも拭いさらいてか、とかく腹中の男のことが何も止まらぬように致しまらした」（大塚光信校注『コリャード懺悔録』より）

女性は孤児になり、生きるために南蛮人の「妾」になった後、分別がなく、恥も知らずに傾城（遊女）になったという内容である。「面目・恥辱等も知らいで」とある。

私はこの告白文を読んで、「我が身をば好む者に売り物として」という表現や、「腹中の男のこと（精液）が何も止まらぬように致しまらした」という言葉が目にとまった。この女性が遊女になったことを汚らわしいと思っているように私は感じた。つまり、女性自身が蔑視を内面化していると言えるだろう。信仰も関係しているかもしれないが、そのことによって女性は宣教師に打ち明けてゆるしを求めるほど苦しんでいる。生きるために他に道がなかった女性が自虐的に半生を振り返る告白には、胸が痛む。

「男尊女卑」といった女性差別・偏見に関わる概念でも言えるが、差別される側の女性の方がその差別意識を自身の中にも持ってしまうことは少なくない。それは悲しいことであるが、それによって差別や偏見はさらに強化され、差別される側が苦しみ、生きづらさを感じていくことになる。

遊女への蔑視

なぜ、遊女への蔑視が広がっていったのだろうか。

辻氏は「大局的には、社会が男性が中心になったことが影響した」と話す。そう考える根拠は次の通りだという。社会の変化に伴い、「家」も男性家長が前提となり、男性からの視点で、家の中にいて夫を支える女性と、そうではない女性というカテゴリーで二分されるようになる。遊女は「そうではない女性」の代表格で、家の中にいる女性（町女）が産むための性ととらえられるのに対し、遊女は消費される性という認識が定着していった。

辻氏はこう分析する。「実態としては一人の女性が一定期間のみ遊女として働くケースもあり、「町女」と遊女の間の線引きはあいまいなものでした。だからこそかえって女性たちに性の規範を守るよう『自己規制』が求められた。遊女になる女性は規範を守れない存在とみなされ、おとしめられる構造ができていったと考えられます」

男性優位社会の中で、「男性目線」で女性を家の中か外かで区別することによって、遊女への蔑視が広がったという辻氏の分析は興味深い。これはおそらく家の中とみなされた女性が、家の外の女性（＝遊女）を蔑視することにもつながったのではないかと私は感じた。第１章で明治期以降の「廃娼運動」について取り上げたが、これも「一夫一婦制」を重んじる西欧の性規範にならって娼婦を「醜業婦」と蔑み、母や妻の立場にある女性も同様に娼婦を差別していたという事実がある。第2章で扱った「パンパン」に対しても、妻や母親である女性らの視線は冷ややかだった。男性目線で広がった蔑視が、女性の分断をも助長する。男性優位社会がもたらす弊害の一例だろうと私は思う。

遊廓

近世に入ると、江戸幕府は新吉原など各地で遊廓を公認する。当時「傾城屋」と呼ばれた遊女屋の経営者が、治安維持を名目に、遊女屋を一カ所に集め、公認の遊廓を作りたいと申し出たことがきっかけとされる。

遊廓と政治権力との結びつきは強く、前掲「企画展示　性差の日本史」の村和明氏の記述によれば、遊女屋が多額の上納金を幕府や明治政府に収めていたという記録がある。例えば明治政府になったばかりの一八六八年の東京府の史料「東京府御開書留」では、前年の市中からの収入約一〇万両のうち、新吉原の上納金が約八〇〇〇両と一割近くを占めていた。

中世後期～近世で定着した人身売買を前提とした性売買政策が、大転換したのは近代に入った一八七二（明治五）年。明治政府が出した「芸娼妓解放令」だ。これは、人身売買を禁じ、娼妓、芸妓などの解放を命じる法令で、横浜港に停泊中の船で、中国（当時は清国）人が奴隷的扱いをされたと訴え国際裁判となった「マリア・ルス号」事件が契機のひとつとされる。

しかし、娼妓たちは、命令によって解放されたわけではなく、その後も「身売り」は続いた。

娼妓たちの多くはやむをえず売春を続けているにもかかわらず、「自らの意思」で行っているとみなされることになった。第1章で紹介した嶽本新奈氏『「からゆきさん」―海外〈出稼ぎ〉女性の近代』によると、明治期に西欧の性規範を取り入れた「廃娼運動」が広まると、とくに海外で性を売るからゆきさんへの風当たりは強くなった。「金のために海外にまで行って娼婦になった」という認識からだが、第1章で触れたように、からゆきさんがうまれた背景には貧困と家父長制に基づく女性の地位の低さなどさまざまな事情があり、彼女たちの苛酷な経験を知れば、その認識は一面的、独善的のそしりを免れないだろう。

日本の性的慰安施設

一方、国内では遊廓は各地に広がり、太平洋戦争の末期に至っては、政府が認めた「性的慰安施設」が設けられた。小野沢あかね氏は前掲図録で、「前借金を返済するために、戦地の日本軍『慰安婦』になることを余儀なくされた娼妓や芸妓もいた」と指摘する。

戦時中も国内に性的慰安施設が存在し、利用する男性が多数いたという事実は、「戦後七五年」といった太平洋戦争を振り返る報道などでもほとんど取り上げられていないといっていいだろう。私も戦争を体験した人たちに当時の話を聞く機会は何度もあったが、そうした証言は耳にした記憶がない。ひとつには、私が話を聞いたのは戦時中、最高でも二〇代で、多くは一〇代や一〇歳に満たない子どもだった人が多く、その存在を知らなかったことが考えられる。

ただ、知っていたとしても、性的慰安施設やそこに通ったことなどをあえて公的に語る人はまれだっただろうと容易に想像がつく。それを買う側も世間体を気にしていたはずだからだ。

また、戦争の悲惨さを伝えるという文脈では、原爆・空襲などによる被害や食料などあらゆる物資が不足した不自由な生活を語る方がわかりやすく、聞く側もそれを求めてきた。

このように、戦争を側面的に支えたとも言える性的慰安施設やそこに従事した女性たちの存在に光が当たることは少なかったが、フィクションではそれを試みた例がある。

戦前・戦中の広島を舞台に人々の日常を細やかに描き、アニメーション映画が大ヒットしたこうの史代氏による漫画『この世界の片隅に』（二〇〇八年）には、海軍の拠点だった広島県呉市の遊廓で働く女性が登場する。軍の男性が通っていたとみられ、ある女性は「若い水兵」とともに川に身投げして命は助かったものの、肺炎を起こして亡くなったエピソードが紹介されている。また、別の女性は小学校に半年しか通っておらず、字が読めないという設定だ。この作品の主人公は軍に勤める夫を持つ「普通の主婦」である女性だが、遊廓で働く女性が登場することでその立場の違いや、女性の階層が浮かび上がる。作品は女性を多層的に描くことで、戦争の実態に近づこうとしたのだろう。

小野沢氏が指摘するとおり、戦時中の娼婦も依然として「前借金」に縛られ、戦地の「慰安婦」になるケースもあったという事実を踏まえれば、芸娼妓解放令後、戦後に至るまで事実上の「身売り」という厳しい境遇が続いていたと考えられる。そこには戦前のからゆきさんの時代とかわらない、貧困ゆえに娼婦として働かざるをえないという人々の姿がある。

公娼制度廃止と売春防止法施行

戦後は第2章で述べたように、政府からの通達で占領軍向けの「性的慰安施設」が早々に設置され、一般女子を占領軍から守る「性の防波堤」となるべく募集に応じた女性たちが働くようになる。当初警察など公的機関が「特別挺身隊」とたたえ、「お国のために」と従事するよう促したが、次第に差別的に扱われるようになる。戦勝国側の男性に近づき、性を売っているという点が、敗戦国の国民の反感を高めたことが一因と考えられる。

そうした中、GHQは一九四六年一月に公娼制度を廃止する覚書を発表し、この制度は廃止となる。三月には各地の慰安所をオフリミッツ（立ち入り禁止）とした。しかし、一九五八年に売春防止法が全面施行されるまで、従来の遊廓地帯などでは「特殊飲食店街」として売春が行われ、そのエリアは「赤線」と呼ばれた。さらに「青線」と呼ばれる非合法の売春エリアも存在した。ちなみに「赤線」は、娼婦が多く集まっていた場所を、警察が売春を黙認する指定地域として地図上で赤い線で囲んだことから、そのように呼ばれるようになったという。「青線」は指定市域以外の場所を指し、こちらも警察が青い線で囲んだことが由来とも言われるが、定かではない。本章で触れる東京の新吉原遊廓跡は「赤線」地帯だったが、現在もソープランドなど性風俗店が並び、客を運ぶ送迎車が行き来する。同じく「赤線」だった大阪市西成区の

「飛田新地」や同市西区の「松島新地」には女性が「接待」する「料理店」が数多く残る。

私は大阪で勤務していた二〇一〇年頃、松島新地の近くに住んでいた。大阪市営地下鉄九条駅を降りてすぐに「ナインモール九条商店街」という下町情緒あふれる商店街が続き、そこから一本脇道に入ると、松島新地と呼ばれるエリアがある。「松島料理組合」の看板があちこちに掲げられ、料理屋をうたう店が軒を連ねていた。

歩けばすぐにその異様な雰囲気に気付くのだが、料理屋の出入り口や窓はたいてい開かれていて、中に座っている女性が見えるようになっている。女性はしっかりメークを施し、キャミソールなど肌の露出が多い薄着の格好で、そばには青白い照明が置かれて女性を照らし出していた。女性の近くや店の軒先には比較的年配の女性がいて、客の呼びこみをしている。女性が通っても無視されることが多いが、品定めをするようにぶらぶらと歩いている男性たちが年配の女性に声をかけられ、少し話した後に店の中に入っていく姿は何度も見た。初めて通りかかったときは、昼日中からこんなやりとりが公衆の面前で繰り広げられていることに衝撃を受けたが、この料理店の二階で売春が行われていたとされ、赴任してから先輩や取材先から複数回、その話を聞いた。

「飛田新地」や「松島新地」は戦前は遊廓だったが、戦後は吉原と同様、赤線として売春が行われていた。売春防止法の施行で廃止されたはずだったが、井上理津子氏によるルポルタージュ『さいごの色街　飛田』（二〇一一年）によると、当時、廃止に反対する赤線の経営者たちがこれまでどおり売春を続けられないかと画策した結果、「料理店」などとして届け出て営業許可を得たうえで、客と女性が飲食店で出会って恋愛したという体裁を取り、事実上の売春を続けてきたという。井上氏が「なぜ手入れをしないのか」と大阪府警に問い合わせたところ、「実際のところ飛田にまで手が回らない」などと回答された。

実際、「毎日新聞」の記事を調べても、警察が、売春を斡旋したなどの容疑で店の経営者らを検挙した事例は一〇件程度しか確認できない。

売春防止法は売春目的で客を勧誘した女性が処罰対象となる一方、「買った側」（客）が処罰されないことが問題であると長年指摘されていて、「売春する女性への偏見がある」との声もある。

現在も街頭で客を誘って補導される女性は後をたたず、風営法で規定される性風俗店でも合意の上という建前で、事実上、売春が行われている。

女性たちへのまなざし

これまで見てきたように、女性が「からゆきさん」や「パンパン」だった過去は現在も、地域などで「負の歴史」と捉えられることもあって、当事者として名乗り出ることは非常に難しかった。また、次章で取り上げるが、二〇二一年六月に東京都立川市で派遣型風俗店（デリヘル）で働く女性が客の少年（事件当時）にめった刺しにされた事件では、少年が「風俗業をやっている人間はいなくていい。風俗の人はどうでもいい」と供述していたと一部メディアが報じている。性風俗に従事しているほとんどの人が家族にそのことを隠しているという現実を性風俗従事者を支援する団体「ＳＷＡＳＨ」は指摘する。

性風俗に従事する女性たちを支援したり、搾取される状況から救おうとしたりする動きもある一方で、先述のように根強い蔑視がうかがわれる事情もあり、社会全体のまなざしが大きく変化したようには見えない。その蔑視のまなざしはむしろ固定化しているようにさえ思える。

「大門」付近にあった「見返り柳」を模した木

吉原脱出

現在の吉原

「芸娼妓解放令」の後、遊女たちは自らの意思で売春をしているという建前となる一方、内実は身売りと変わらなかったが、彼女たちは苦境に耐え忍んでいただけではない。大正期には廃娼運動がさらにさかんになり、労働運動とも結びついて、「自由廃業」する遊女たちが現れた。ここでは、小説や映画の題材とされることも多い新吉原遊廓と、そこから脱出した女性を取り上げたい。

東京都台東区。地図で確認すると、浅草寺の北一キロほどのところにかつて「新吉原遊廓」と呼ばれたエリアがある。最近では人気漫画『鬼滅の刃』（吾峠呼世晴著）で大正期の吉原を舞台とした『遊廓編』がアニメーション化されるなど話題になったが、今はどんな街になっているのだろうか。

最寄りの東京メトロ日比谷線三ノ輪駅で降り、まずはすぐそばの浄閑寺（荒川区）へ。ここはいわゆる「遊女の投げ込み寺」として知られ、劣悪な環境のため亡くなった身寄りのない遊女たちが葬られたという。寺には江戸から大正期にかけて、遊女やその子どもの名前を記した数十冊の過去帳が残る。

寺の敷地内にある墓地には遊女を慰霊する「新吉原総霊塔」があり、石碑には「生れては苦界　死しては浄閑寺　花酔」という川柳が刻まれていた。供えられた花は新しく、丁寧に供養されていることがわかる。永井荷風は遊女をしのんでたびたび寺を訪れたといい、そばには荷風の詩碑も建つ。

東京スカイツリーが見える「土手通り」を歩き、かつて遊廓のあったエリアに近づいてくると、年季の入った風情のある木造の建物が目に飛び込んできた。看板には〈土手の伊勢屋〉とある。一八八九年（明治二二年）創業の老舗天麩羅屋で、店のホームページによると、遊廓を訪れて朝帰りする客や、遊郭で働く客引きなどが訪れ、店は繁盛した。夜中にも遊廓へ出前をするなど、二四時間営業していたという。一九二三年の関東大震災で店舗は全壊し、その四年後に建て替えたのが現在の店舗だ。太平洋戦争時の東京大空襲でも奇跡的に焼け残り、国の登録有形文化財に認定されている。

伊勢屋の道向かいのあたりに、背の高い柳の木がひっそりと立っていた。遊廓の入口付近にあった「見返り柳」を模したものだ。客が帰り際、名残惜しさにそこで振り返ったことからその名がついたという。樋口一葉の『たけくらべ』にも登場する。

遊廓があった頃の面影は、今も残っている。遊廓の様子が見えないようにつくられたとされるS字に曲がった道を進むと、入口にあたる「大門」にたどり着く。「よし原大門」と書かれた比較的新しい門柱があり、一帯には赤い街路灯や昔の通りの名を書いた柱が並ぶ。かつて遊廓内に五つあった神社を合祀した吉原神社や、関東大震災で亡くなった遊女らを弔った吉原弁財天本宮のほか、各所に案内板もあり、その歴史を伝えている。

「吉原遊廓」は、一六一七（元和三）年、現在の日本橋人形町の「葭原」という地区に幕府公認の遊廓が設置されたのが始まりだ。

葭原は、当時、一帯が植物の葭《ヨシ》などが生い茂る湿地で、それを埋め立てて街をつくったことに由来する。はじめは「葭原」と称していたが、のちに縁起の良い文字に改めて「吉原」になったとされる。

吉原は一六五七（明暦三）年の大火で全焼した後、浅草寺の裏付近（現在の台東区千束）に移転し、幕末まで日本最大の売春地として栄えた。移転前を「元吉原」、移転後を「新吉原」と呼ぶ。

明治に入り、芸娼妓解放令が出た後も遊廓は残り、昭和にかけても歓楽街として名をはせた。戦後はGHQの指示で公娼制度が廃止された後も、一九五八年の売春防止法が全面施行されるまで「特殊飲食店街」として売春が行われ、一帯は「赤線」と呼ばれた。

新吉原遊郭では若くして亡くなった遊女も多く、近くの浄閑寺に投げ込み同然で葬られたという。寺には遊女を慰霊する「新吉原総霊塔」がある。

「新吉原江戸町」「揚屋町」など吉原ゆかりの町名も、一九六六年の住居表示の変更まで残っていた。

現在も大枠としては当時の遊廓のイメージを残そうという意図が感じられる街づくりだが、派手な看板を掲げた風俗店が軒を連ねる一方、マンションや戸建ての住宅、飲食店などが混在している。「働く女性のための性病検診」をうたう検診所もある。

ここで約一〇〇年前に起きたのが、「脱出事件」である。

吉原を脱出

「どうか助けてください」

大正末期、新吉原遊廓の二一歳の遊女

（「娼妓」）は憧れの女性歌人に手紙を書いた。自身の身の上を切々とつづり、苦境から救い出してほしいという内容だ。そして女性はついに遊廓からの脱出を試みた。

一九二六年（大正一五年）四月二七日の「東京朝日新聞」には、前日の二六日に吉原から脱出を図った女性について、「白蓮女子を頼って　吉原を逃れた女」とする見出しの記事で紹介している。

それによれば、女性は森光子といい、新吉原の妓楼〈長金花楼〉で「春駒」の名で遊女をしていた。光子は群馬県高崎市生まれで、大正一二年に銅工商の父を亡くしてからは非常に貧しい生活となった。母は病弱で、兄も行状が悪かったため、家族を養うために光子が「吉原に身を沈めた」という。六年の年季で働いていたが、体も弱く、この生活から抜け出したいと考えるようになった。この年、病気のため二カ月入院して借金がかさみ、脱走を決意したという。遊廓を出て、駆け込んだのが手紙を送った歌人の柳原白蓮の家だった。

柳原白蓮は華族の出身で、「炭鉱王」といわれた伊藤伝右衛門と結婚後、作品を通じて雑誌の編集をしていた宮崎龍介と出会い、新聞紙上で伊藤との公開絶縁状を発表して宮崎と結ばれる。一連の出来事は「白蓮事件」として世間の耳目を集め、その情熱的で自由な生き方や歌に憧れる女性は多かったという。日常生活が縛られた光子たち娼妓にとってはとくに魅力的でうらやましい存在だったに違いない。

その後、白蓮は夫で弁護士の宮崎の友人、労働運動家の岩内善作に相談し、岩内のはからいで光子は自由廃業することができた。

光子はその年、自身の遊廓での生活をつづった日記を『光明に芽ぐむ日』（一九二六年）として発表。さらにその翌年には続編となる『春駒日記』を出版した。『光明に芽ぐむ日』は、「×月×日」と日付ごとにその日の出来事をつづる日記形式で、『春駒日記』は客や同朋の遊女との思い出などエピソードごとにまとめたエッセー集のような形式である。そこには光子の心情とともに、大正期の遊女の暮らしぶりが具体的に生き生きと描かれている。

遊女の取り分と罰金

二冊の日記からわかることは、その搾取のひどさだ。光子は先述のとおり、家族の生活を支えるために一九歳で遊女となる。「周旋屋」、いわゆる女衒の仲介で、六年働く契約で、証文上は一三五〇円を前借りしたことになっているが、実際に家に入ったのは一一〇〇円だった。差額の二五〇円は周旋屋の取り分となったとみられる。大正末期の大卒男性の初任給が月五〇円程度とされている。

妓楼で客を取ると、客が払う料金（玉《ギョク》）から一部が遊女にわたる。それを「玉割」というが、光子の店ではその取り分は七割五分が楼主、二割五分が遊女となっていた。その二割五分のうち、一割五分が借金の返済に使われ、残りの一割が遊女の「日常の暮らし金」にあてられるという。光子が例にあげているとおり、客から一〇円の玉が入ったとすると、七円五〇銭が店、遊女の借金返済に一円五〇銭、遊女の暮らし金に一円の計算になる。光子の場合、一三五〇円の借金があるので、このペースだと完済まで九〇〇人の客をとる必要がある。

ただ、ある日の光子の記録では、一日で客一〇人を取っており、計六三円の玉があった。借金返済に九円余りをあてられる計算で、光子は「こんな稼ぎなら借金はすぐ返せるはずなのに」と、店側の金勘定の不透明さに疑問を投げかけている。

また、遊女は罰金も支払わされていた。正月の三が日などを仕舞日といい、なじみ客を呼んで通常の二倍の料金を払わせることになっているが、客が来なかった場合、光子の店では一日につき二円の罰金を遊女が背負う決まりになっていた。日記では、他の遊女たちが口々に「ただでさえ借金があるのに、罰金ばかりでどうすればいいかわからない」などと、この罰金制度に対する不満を訴えている。

さらに光子は遊女の序列である「席順」について、他の遊女から教わっている。その遊女によると、席順は稼ぎ高で決まり、最上位を「お職花魁」と呼ぶ。席順が上位だと、初めての客を多くとれるため、稼ぎ高が増えるが、逆に下位に落ちるとなかなか上にあがれず、借金もなかなか減らない。さらに下位であると他の遊女からも馬鹿にされ、店の者からも怒られることが多いという。

収入でも店側の取り分が圧倒的に多い上、客が来ない日は罰金までとられる一方、借金の返済状況も不透明だ。大正時代であるが江戸時代の遊廓と大差なく、「自由意思」で娼婦をやっているという建前とはほど遠い実態であったことがわかる。

性病検診

日記には、吉原病院で性病検診や治療を受ける場面も描かれている。第1章で触れたように、性病の拡散を防ぐため、当時は娼婦への性病検診が行われていた。吉原病院は一九一一年に性病予防を目的として開設され、四二年には東京府に移管された。第2章で写真とともに紹介したとおり、パンパンへの強制検診も多く担っていた場所だ。

光子が描く検診の様子はリアルで、当時検診を遊女や店がどうとらえていたかがわかる。

検診で病気や不具合が判明すると入院して治療するため、その間遊女は店に出られず、稼ぐことができなくなる。そのため店側は検診の日は検査にひっかからないために火打石を打つなどして縁起を担ぎ、多くの遊女もなじみ客が離れることや入院生活を恐れ、検査を無事パスすることを願っていたようだ。

遊女たちは吉原病院での検査に行く前に、「外来」と呼ばれる廓内の町医者を訪れ、事前のチェックを受ける。局部を見てもらい、検査にひっかからないよう織物などを取ってもらい、水薬がついた脱脂綿を受け取って病院へ。検査の直前に遊女たちはその脱脂綿で局部を丁寧に「掃除」して、用意されたかめに捨てた。こうした場面は、五社英雄監督による映画『吉原炎上』(一九八七年公開)でも出てくる。

光子は日記で確認できるだけでも複数回、入院している。中でも遊廓を脱出する年の一月には梅毒と肺病と心臓病で入院した、とある。入院生活は食事はひどく、まったく外に出られないため「地獄か『ろうや』のようなところ」と表現し、二カ月半も入院して退院したところ、その夜から客を取らされたという。

生理の時でさえも、店側は休ませてくれなかった。光子は腹痛のなか、カイロで腹を温めながら客を取っていたといい、「神よ、あなたは、妾共のこの苦るしみを見て下さらないのですか」と訴える。

からゆきさんやパンパンにも共通することだが、性病検診や性病の治療など、遊廓での生活は女性の体に非常に重い負担を与えていたことがわかる。しかし、店側は儲けを重視し、女性の負担や体調への配慮はほとんどなかった。

遊女たちの友情

山家悠平氏が論文「闘争の時代の余熱のなかで――森光子『春駒日記』の描く吉原遊廓の日常風景」(二〇二二年) でも指摘しているように、日記は、遊女の生活の苛酷さを訴える一方で、遊女同士の友情や、助け合う姿も描いている。

先述した罰金のように、遊女たちが、店側への不満を語り合う場面は複数回登場し、現代の私たちの多くもイメージできるシチュエーションで、共感しやすい。

不満は食事に関しても語られていた。冷めきった夕食について二人の遊女が「こんなに寒いのに、蒸かしたってよさそうなものに」「まったくだよ、腹の中が凍ってしまいそうだよ」などと言い合い、「馬鹿にしていらあ」と怒りを隠さなかった。光子はそのやりとりを聞いて、こうした境遇は仕方ないとあきらめてしまわない姿に「救われる気がした、と明かす。

また、吉原病院に入院した際は、他の遊女のために薬をこっそり盗んで配り、自分の妹のように世話をやいていたある遊女のことや、光子が親しい遊女から心配する手紙をもらって涙したことなどに触れている。

もちろん妓楼では遊女は序列化され、売り上げを競わされるライバルでもある。実際、日記にも客の奪い合いでトラブルになる場面が何度も出てくる。たとえば、初めて店を訪れた客の相手をした遊女が、以降もその客の相手をするというのが習わしとなっているが、そのルールを破って、初訪問時は相手をしていない遊女が「自分の客」だと主張し、その後別の遊女が「私が最初に相手をした客だ」と訴えて嘘が発覚するといったケースだ。

そんななかでも、光子が遊女の身の上話を聞いて同情を寄せたり、恋の相談を受けたりしたエピソードがあり、他の遊女の存在が互いの癒やしや励みになっていたこともうかがえる。

自由廃業した光子の影響を受けたのだろう。光子がもっとも親しかった遊女の千代駒は、妓楼で同朋とストライキを敢行したことや、ついには遊廓を脱出したことを光子への手紙で報告している。

日記で紹介された千代駒の手紙では、ストライキについて、一九二六年一二月二五日の大正天皇の崩御から一週間、喪に服すため他の妓楼では休みにしていたのに、千代駒の店では休みでなかったことから、それに抗議してみなで相談し、店に出るのやめた、としている。一四人の遊女のうち、一一人がストライキに参加したという。

井上輝子ら編集『岩波女性学事典』(二〇〇二年)によると、日本で初めてのストライキは集団放火事件から約四〇年後の一八八六年、山梨県甲府の製糸場の女性労働者が起こしている。雇用主団体が工女取締規則をつくって労働条件を改悪し、労働強化しためだった。女性労働者一〇〇人余りが「雇主が酷な規則を設け妾等を苦しめるなら妾等も同盟しなければ不利益なり」とストライキに突入し、待遇改善を勝ち取ったという。

こうした遊女たちが助け合いやストライキなどへ共鳴していく姿は、私には「シスターフッド」の表出とも感じられる。

前掲『岩波女性学事典』によると、シスターフッドとは、女性同士の連帯・親密な結びつきを示す概念だ。一九六〇―七〇年代の日本の「ウーマン・リブ運動」(女性解放運動)で掲げられたが、近年、女性たちが性被害を告発する#MeToo運動の高まりのなかで再び脚光を浴びている。ストリッパーの女性たちが結託し、リーマン・ショック下でも裕福な金融マンに詐欺をしかける米映画『ハスラーズ』(二〇一九年)などが公開されたほか、日本の文芸誌『文藝』は二〇二〇年に「覚醒するシスターフッド」という特集を組み、話題になった。

もちろん大正期にジェンダー平等、ハラスメント反対といった概念は希薄だっただろうが、遊女たちが闘っていたのは妓楼での不当な扱いだけでなく、女性をモノのように扱う遊廓やそれを許容する社会とも受け取れる。時には競合する相手と助け合い、不条理な共通の敵に立ち向かう。それは朝霞の「パンパン」の女性たちにも見られたが、そんな姿を想像すると、現代の女性の多くも胸が熱くなるのではないだろうか。

一方的な被抑圧者とみられがちな遊女に、生き残りをかけて連帯や抵抗の動きがあったという事実は注目に値する。

その後の光子と吉原

そもそも、光子はなぜ日記を書き始めたのか。初めて客を取る「初見世」を経験した後の日記で、その胸の内を明かしている。

光子は初見世から一週間苦しみ、死のうと考え何度も遺書を書いたが、死んだとしても、周旋屋や楼主、初見世の相手の男など自分をどん底に突き落とした人々に虐げられたままだと考え、復讐のために日記を書こうと以下のように決意する。

〈もう泣くまい。悲しむまい。（中略）復讐の第一歩として、人知れず日記を書こう。それは今の慰めの唯一であるとともに、また彼等への復讐の宣言である〉

「復讐」ととらえる背景には、体を売ることに対する光子の強い嫌悪感がある。嫌悪感

吉原の通りを歩く遊女（1897年撮影、「毎日新聞」）

は、日記の随所からうかがえる。初めての相手を「処女の純潔を、鼻紙でも踏みにじるようにして、自己の獣慾を満たしたその男！」「極悪非道の人間」と強い言葉で非難し、日記を書くことによって清らかな心になり、「妾は処女になれる」とつづっている。多くの遊女が入院を嫌がることについても、入院を客をとらなくてもいい期間ととらえる光子は「解せない」と吐露している。

こうした光子の意識は、貞操観念が強く反映されたものとみられ、当時の娼婦に対する蔑視的な世間の見方も内面化しているように感じる。全国的に盛り上がっていた廃娼運動の影響を受けていたとも言えるだろう。

光子は先述した本を二冊出版した後、結婚したが、晩年の様子はわかっておらず、没年も不明だ。光子が自由を得て遊廓での体験を世間に発表した後、どのように自身の過去や嫌悪感と向き合っていったのか気になるところである。

二〇二一年秋、私は人影がまばらな夕刻の遊廓跡を歩いた。新型コロナウイルス感染拡大の影響による時短営業のため閉店準備をしていた喫茶店の店員に声をかけると、「コロナになって、このあたりの風俗の客はだいぶ減りましたよ。指名してくれる客がいない女の子は大変みたい」と語ってくれた。

コロナ禍では、とくに女性が苦境に追い込まれている。ステイホームが呼びかけられた時期には女性に家事労働の負担がのしかかり、DV（ドメスティック・バイオレンス）の相談件数も増えた。女性の自殺も二〇二〇年に七〇二六人と前年より一五％増加し、二一年も七〇六八人と二年連続で増えた。

女性の非正規労働者が多い観光業や接客業が大きな打撃を受け、仕事を切られた人も多い。性風俗の仕事が減って生活が立ちゆかなくなったり、生活苦から望まないのに性風俗の仕事を始めたりといったケースも報道されている。

光子の脱出から一〇〇年近くたった今も、女性が弱い立場に置かれ、社会や環境のひずみによるしわ寄せにさらされているという状況は根本的には変わっていないように思える。

日が傾き、通りの門柱や風俗店の看板に明かりがともり始める。あちこちの店の前にネクタイを締めた男性従業員が立ち、客を乗せた送迎車を恭《うやうや》しく出迎えていた。

吉原の日常は続いているが、遊女たちが苦境にあらがおうと、危険を顧みず相次いで脱出した事実は、これからを生きる私たちを勇気づけてもくれる。

第4章　分断を越えるために

歌舞伎町で「立ちんぼスポット」と呼ばれるエリア。スマホを手に路上に立つ女性や、男性の姿が見られる（2022年、著者撮影）＊画像の一部を加工

ここまで、近現代の娼婦の「声」を手がかりに、時代時代の生き様を探るとともに、社会のなかで彼女たちがどのように位置づけられてきたかを見てきた。

本章では、現在の性風俗や売春に携わる女性たちにスポットを当ててみようと思う。

「風俗業をやっている人間はいなくていい」

東京都立川市のホテルで二〇二一年六月、派遣型風俗店（デリヘル）で働く女性（三一歳）が当時一九歳の少年にめった刺しにされ殺される事件が起きた。

「毎日新聞」によると、少年は客として女性と初めて会い、少年が待つホテルの部屋に女性が入ってから一〇分もたたないうちにトラブルになったという。胸や腹などを包丁（刃渡り二〇・六センチ）で七〇カ所以上刺し、致命傷となった胸の刺し傷は深さ一八センチに達していた。女性から助けを求める電話を受けて現場に駆けつけた同店の男性も腹を刺され、一時意識不明の重体となった。

動機について少年は、「インターネットで人を殺す動画を見て刺激を受け、無理心中をしようと思い、その場面を撮影しようとしてけんかになった」「盗撮が見つかり、トラブルになって刺した」などと供述したという。

一方、「産経新聞」（二〇二一年六月一八日ウェブ版）では、少年が「風俗業をやっている人間はいなくていい。風俗の人はどうでもいい」とも供述していたとしており、性別を理由に女性を狙った「フェミサイド」ではないかという声がネット上で相次いでいると紹介している。

事件で少年（現在は二〇歳以上なので元少年）は鑑定留置を経て検察官送致（逆送）され、二一年一一月に殺人罪などで起訴された。二〇二三年一一月、その元少年の裁判員裁判が東京地裁立川支部で始まった。私は事件の詳細を知りたいと、事件の現場に赴き、裁判を傍聴した。

東京都西部・多摩地域の中心部にあり、人口約一八万人の立川市。事件現場は、複数の路線が集中するJR立川駅の北西部で、駅から歩いて五分ほどの距離にあるラブホテルだ。事件直後、一帯は捜査車両などで騒然とし、ホテルには花が供《そな》えられていたそうだが、今は事件の痕跡は見当たらない。付近にはホテルのほか、ガールズバーやラウンジなどの飲食店が入ったビルが並ぶ。被害者の女性が働いていたデリヘルの事務所が入ったビルは、そのラブホテルのすぐそばにあった。デリヘルは事件をきっかけに閉店し、今は看板もなく、空き室になっているようだった。

第2章でも触れたが、立川には朝霞と同様に戦後米軍が進駐し、基地の町であった。米兵相手の商売もさかんで、街娼も多かった。立川・女の暮らし聞き書きの会発行の「つむぐ8号―占領下の暮らし―」（一九九二年）によると、立川駅の南側には戦時中に玉の井（現在の東京都墨田区）などから空襲を避けるために遊廓が疎開して売春街となったエリアがあり、戦後は売春防止法が施行されるまで「赤線」としてにぎわったという。

立川デリヘル殺人事件

二〇二三年一一月七日の初公判。事件の発生から二年以上たったものの、当時の関心の高さからだろうか、新聞やテレビなど各メディアの記者が集まったほか、広い傍聴席の半分ほどが幅広い年齢層の人たちで埋まった。

私が入廷したとき、あらかじめ被告席に着席していた元少年の被告は、長めの黒髪、ベージュのシャツに紺のベストという出で立ちで、落ち着きのない様子で視線を泳がせていた。元少年の被告が事件について何を語るか。私を含め多くの傍聴者はそこに注目していたはずだが、開廷直後にそれは難しそうだとわかった。

被告は名前などを確認する質問には答えたものの、続いて起訴内容の認否を問われると、意味不明ないわゆる不規則発言を始めたのだ。検察側の冒頭陳述が始まっても繰り返し、裁判長が制止しても、弁護人が言い聞かせようとしても止まらなかった。早口で途切れなくしゃべるが、断片的に聞き取れたのは「ハリウッド」「南海トラフ地震」「仮面ライダー」といった関連性の乏しい言葉で、全体として何を伝えたいかはさっぱりわからない。裁判官たちと並んで座る裁判員たちも困惑気味の表情を浮かべており、裁判長が命じて被告が一時退廷するなど混乱した。

ともあれ、冒頭陳述などで検察側が主張した、事件に至る経緯や事件の状況は次のようなものだった。

被告は二〇一七年に高校の普通科に入学し、二〇年に自主退学。その後、通信制高校に編入して卒業している。

事件当時は無職で、父、母、姉と四人暮らし。通信制高校を出た後、職についても短期間で退職するなど人生がうまくいかないとかねてから感じており、面倒になって自殺したいと考えるようになった。その時、以前、風俗店でサービスを受けたことで好意を抱くなどした被害者の女性（Aさん）を殺し、自殺しようと思い立ったとされる。

事件のあった二〇二一年六月一日の前日、被告はAさんが働くデリヘルに電話をかけ、Aさんを指名して予約を入れた。当日午後三時過ぎ、事務所を訪れ料金を払い、近くのラブホテルの部屋に入り、事務所に電話して部屋番号を伝えた。午後三時半ごろ、Aさんがホテルの部屋を訪れた。この時、被告はAさんに挿入行為をともなういわゆる「本番」をしようと申し入れたが、断られている。Aさんは、サービスを始めてすぐにオーディオプレーヤー「iPod」を使った盗撮に気づいて事務所に電話し、店のスタッフに「盗撮です。来て下さい」などと訴えた。

その直後、被告は持っていた包丁でAさんの胸部や腹部を多数回突き刺した。

電話を受けて六分後、店の男性スタッフがホテルの部屋の前に到着し、ドアを繰り返しノックした。すると被告はドアの隙間から顔を出し、「プレイ中ですよ」と言ってドアを閉めようとした。スタッフが隙間に足を入れてそれを阻止しようとすると、被告は今度はドアを開け、

Ａさんを刺したのと同じ包丁でスタッフの腹部や首を刺し、ホテルから逃走した。
Ａさんは搬送先の病院で死亡が確認され、スタッフは全治三カ月の重傷を負った。
被告は翌二日、羽村市内でミニバイクで走っているところを警察官に職務質問され、逮捕された。

弁護側は事実関係は争わないものの、被告が発達障害の一種である「自閉スペクトラム症」（ＡＳＤ）で、その圧倒的影響を受けて事件を起こしたと主張。「心神喪失」のため責任能力はなかったとして、無罪だと訴えた。また、被告の両親が障害に長く気づかず、適切なサポートをしてこなかったとも指摘した。

証人尋問では、事件直後の凄惨で生々しい現場の様子が明かされた。当時、通報を受けてホテルの部屋に駆けつけた、警視庁立川署に所属していた警察官は、ホテルのエレベーターを降りてまもなく異様な様子に気づいた。部屋のそばには腹に傷を負った店のスタッフが倒れており、呼びかけても応じないほど意識が混濁していた。そして部屋のドアノブ付近の木枠には血のついた包丁が突き刺さっていたという。

ちなみにこの包丁は、法廷でも検察側の証拠として実物が示された。二〇センチある刃の部分全体にべったりと血のりがついており、被告が二人をかなり強い力で、深く刺したことがうかがえた。

警察官は鍵を開け、同僚と二人で室内に入った。床や壁一面に血が飛び散っていた。ベッド上には人の姿はなく、ベッドと壁の間に、上半身裸でパンツだけを身につけた女性があおむけに倒れていた。三〇代くらいに見えたという。「全身に無数の刺し傷があり、腸が出ていた」状態で、すでに意識はなかったという。部屋には血のついたタオルや、アイマスクなどが残されていた。

なぜアイマスクがあったのか。その理由は、その後証人として出廷したデリヘルの元店長らの証言でわかった。

そのデリヘルは〈立川夜這いサークル〉という店名で、事務所のあるビル内に女性の待機場所を備えていた。事務所に来て客が受付をし、料金を先払いして「プレイシート」に衣装やプレイ内容などの希望を書き、客がホテルを決めて入室してから女性を派遣する「受付型ホテルヘルス」のタイプだという。女性が「夜這い」をされるシチュエーションのサービスを提供しているらしく、プレイ中は女性がアイマスクを着用していた。

元店長は「女性がアイマスクをしているため、客は女性には見えていないと思い、盗撮しようとする人がいる」と話し、この事件以前にも盗撮によるトラブルは相次いでいたと明かした。実際は、アイマスクは着用しても周囲の様子は透けて見える素材にしていたという。店長はその理由を「女性にとっては見えないのは不安なので、安心感を与えるため」と話した。

第2章で、不特定多数を相手にしていた「パンパン」が客に殺害される事件が度々起きていたことを述べた。現代の性風俗店でも、その危険は常につきまとう。二〇二三年五月にも、吉原の風俗店内で、従業員の女性（三八）が客の契約社員の男性（三二）にサバイバルナイフで首や腹を刺されて殺害される事件が起きている。

受付時にスタッフを通すにしても、最終的には店舗やホテル、客の自宅などで客と一対一にならざるをえない。ましてや今回の事件のような「夜這い」スタイルであれば、相手に「無防備な姿をさらしている」と思わせてしまう点で、盗撮といったトラブルを誘発し、客から攻撃を受けるリスクを高めてしまっているだろう。インターネット上には「夜這い」をコンセプトにした風俗店の情報が多数あり、一定の人気があるようだが、スタッフがトラブルを察知してすぐに駆けつけたとしても、守り切ることはできない。

元店長によると、Aさんは二〇一七年八月から「立川夜這いサークル」で働いていた。それ以前も、その前身の店で働いていたことがあったという。リピートの客が多く、中心メンバーだった。店長は「優しい感じの女性で、男性スタッフからも慕われていた」と振り返った。

法廷に、怒りと悲しみのこもった声が響いた。一一月三〇日の公判では、被害者参加制度を使ってAさんの父が意見陳述した。

「大切な娘の命を返してください。私たち家族の幸せを返してください。娘が亡くなる前日に時間を戻してください」

あれだけ凄惨な形で殺害されたのに、被告は初公判以降も不規則発言を繰り返し、事件について自身の口で語ることはほぼなかった。また、証人として出廷するはずだった、障害を持つ被告へのケアが十分でなかったと弁護側に指摘された被告の父も、「人生が狂ってしまった。どうなってもいい」と出廷を拒んだ。被害者の家族が抱く無念は察するに余りあった。

Aさんは父、母、姉との四人家族だった。Aさんを出産時、母は「生きるか死ぬかの難産」だったといい、無事生まれた時は家族や祖父母で大喜びした。体が弱く、一〇歳まで通院していたが、健康のためスイミングに通ったり、ミニバスケットのクラブにも入ったりするうち、元気になったという。家族は仲が良く、誕生日や記念日にはケーキを買ってお祝いをしたり、外食したりと、家族の行事を大事にしてきた。Aさんは家族の愛情をいっぱい受け、思いやりの深いやさしい子に育った。はにかみ屋で、意思の強いところがあった。祖父母を大切にし、とくに介護が必要な父方の祖母の食事の支度やデイサービスの送迎など身の回りの世話を一生懸命やっていたという。また、犬や猫をとてもかわいがり、なつかれていた。父は「一緒にいる人を和やかな気持ちにさせてくれるところがあったから、犬や猫も安心したのだろう」と振り返る。

事件で、家族を取り巻く環境は大きく変わったといい、父は「生き地獄」だったと表現した。事件について「娘はさぞ痛かっただろう。助けを求めたかっただろう。そばにいてあげられなくてごめん。助けてあげられなくてごめん。どんな気持ちで亡くなっていったのだろう」と悔やむ。父は被告や被告の両親からこれまで一度も謝罪がないとして、強い口調で非難した。そして「鬼畜の所業で、更生の可能性はない」として重い刑を求めた。

以上が、Ａさんの父の陳述の概要である。法廷は、絶望の中、必死に自身を鼓舞し、事件に向き合おうとする父の姿勢に圧倒されたような厳粛な空気に包まれた。

私は、「生き地獄」という言葉には、娘を突然失った悲しみはもちろん、事件発生当時、Ａさんの顔写真がインターネット上でさらされるなどしたことも含まれている可能性があると感じた。

この事件を巡っては、被害者の職業とともに名前を実名報道するメディアがある一方、加害者は少年のため匿名だったことに批判の声が上がった。それらの情報を基にＡさんのＳＮＳなどを特定する動きもあり、性風俗で働く人を支援する団体「ＳＷＡＳＨ」は、警察やメディアにたいし、関係者の氏名を原則非公開とし、プライバシー保護を徹底するよう求める要望書を発表した。

要望書は「性風俗で働くほとんどの人々は、性風俗の仕事に従事していることを家族や友人に内緒にしているという現実が調査等によって明確になっております」と指摘している。

Ａさんが性風俗の仕事に従事していることを、家族に伝えていたかどうかはわからないが、父の意見陳述でも、Ａさんの仕事についての言及はなかった。公判ではＡさんの名前や経歴、仕事を始めた理由などは伏せられていた。裁判所がプライバシーに配慮したのだろう。

一二月一四日、判決の日。被告は相変わらず、落ち着きのない様子だった。公判では不規則発言が続き、最初は意味不明な言葉が多かったが、次第に法廷で語られる内容に合わせるかのように、「心神耗弱」「心神喪失」といった言葉が増えてきたようだった。

こうした被告の言動について、精神鑑定を担当した医師も、「幻覚や妄想などの精神病症状でなく、比較的自己の意思の介在の高い拘禁反応の症状」との見解を裁判所に示しており、裁判所も被告が自身の置かれた状況を理解し、相応の防御をすることができる訴訟能力を備えていると判断している。

私は被告が語らないなか、裁判所が事件の動機をどのように認定するのかに注目していた。検察側は、大筋としては、人生を面倒に感じた被告が、好意を寄せていたAさんを殺して自殺しようと考えた——というストーリーを主張していた。

これには疑問があった。「毎日新聞」を含め複数のメディアは逮捕時、「被告とAさんに面識はなかった」と報じていたからだ。ただ、公判の検察側の被告への質問内容からは被告が「Aさんの客で入ったことがある」「Aさんが好き」などとも話していたことが推察された。

二人は本当に面識があったのか、なかったのか。これは推測の域を出ないが、警察や検察は、逮捕直後はデリヘル関係者への事情聴取などから「面識なし」と判断していたものの、後になって被告が先述のように供述したことから、被告がかつてＡさんを指名したことがあって好意を抱いた――というストーリーに軌道修正したのではないだろうか。

実際、公判でのデリヘルの元店長やスタッフの証言によると、店では被告の名前や携帯番号で顧客としての登録はされておらず、指名を受けたＡさんも被告を覚えていない様子だったという。被告が事件より前にＡさんの客になったことがあったかどうかは明確にはわからない。

動機面で、検察側がもうひとつ触れていたのは、被告の「風俗業」や「風俗嬢」に対する否定的な見方や感情が、事件に関係していたという点だ。

先述したとおり、被告は逮捕時、「風俗業をやっている人間はいなくていい。風俗の人はどうでもいい」などと供述したとされる。また、「文春オンライン」（二〇二一年六月五日）では、その供述内容は「風俗は少子高齢化を促進させるので、あんな商売をやっている人間はいなくていい」となっている。その真意はかならずしもよくわからないが、なぜ風俗業に否定的な感情を抱くようになったのか、知りたかった。

動機はＡさんへの好意なのか、風俗や風俗嬢への否定的な考えなのか――。裁判所はどう判断したか。

まず、二人に面識があったかどうかについて、判決は、事件の三年前、二〇一八年頃に被告はＡさんから性的サービスを受けたことがある、と認定した。

風俗に関しては、起訴前に精神鑑定した医師と面談した際の被告の供述などから、被告が

「風俗店はおかしいという考えや、風俗嬢を殺したいと口にしたことがあったこと、Aから以前サービスを受けた際にAが被告人の財布から三万円を抜き取ったと思っていたこともうかがえる」と指摘した。

そのうえで裁判長は、その医師が「一六歳のときに風俗店で性的サービスを受けたAに好意を抱いていたが、交際が叶わないことや風俗店がおかしいという発想と合わさって、自殺するならばAを殺害したいと考えるようになった」と動機に言及した証言を紹介したものの、断定は避け、「被告がAを殺害した動機は必ずしも明らかではない」と述べるにとどまった。

一方で「責任能力はあった」とし、被告に懲役二三年（求刑・懲役二五年）を言い渡した。

係官に連れられ、退廷する被告を見ながら、私はもやもやとした気持ちが残った。判決どおり、一六歳頃に一度サービスを受けたAさんに好意を抱いたとして、三年後に突如一緒に死のうと考えるというのは、飛躍があり、理解しがたい。判決は、この点について「被告の障害の影響を否定できない」としているが、私には前提として、風俗業やそれに関わる人たちへの否定的な感情があり、「自殺に巻きこんでもかまわない」という発想につながっているように感じられた。もちろん、被告がなぜ「風俗店がおかしい」「風俗嬢を殺したい」と思うようになったのか判然としない以上、決めつけることはできないが、「殺してもいい、不要な存在だ」と考えていたとしたら、メッタ刺しという残忍な行為に及ぶ動機のひとつになった可能性もある。

そんなことを思いながら、私はふたたび現場のラブホテルに足を運んだ。午後五時前だったが、すでに日が傾き、周囲は薄暗い。風も冷たくなってきた。クリスマス前だからだろうか、出入口の通路には青や緑の電飾が施され、明るい雰囲気を演出していた。公判で聞いた凄惨な室内の様子が頭にちらつき、いたたまれない気持ちになる。父親も述べていたが、被害者が感じた衝撃と恐怖はいかばかりだっただろう。

そのとき、三〇〜四〇代くらいに見える女性が一人で現れ、出入り口からホテルに入っていった。それから一〇分もしないうちに、別の女性も足早にホテル内に姿を消した。

弁護側は判決を不服として、控訴した（二〇二二年末現在）。

歌舞伎町を夜回りする

現在、性風俗または売春に携わる人たちはどんな状況にあるのだろうか。

ネオンがきらめき、喧噪のなかを多くの人が行き交う。二〇二二年八月、東京・新宿歌舞伎町。日本を代表する歓楽街の夜は、新型コロナウイルスの第七波のまっただなかでも独特のエネルギーが充満していた。日が落ちても気温はあまり下がらず、少し歩くと汗ばむ。

私はNPO法人「レスキュー・ハブ」理事長の坂本新さん（五一歳）を訪ねた。坂本さんは約四年前から、夜の新宿で性風俗や売春に関わっている女性たちに声をかけ、必要な支援につなげる活動をしている。これまでに数十人の女性たちの相談に乗っており、女性たちの声や実情を聞いている。週末の夜八時過ぎ、声かけに同行させてもらった。

歌舞伎町の飲食店が建ち並ぶ通りには、「三〇分飲み放題××円」などと書いたボードを持ち、ガールズバーの呼び込みに立つ若い女性の姿が目立っていた。メイド服やウサギのコスプレをしていたり、露出度の高いショートパンツをはいたりして、道行く男性たちに「いかがですかー」と声をかけていた。

坂本さんはそうした女性たちに「今日はお客さんどんな感じ？」などと話しかけ、持参した汗ふきシートや消毒液を手渡す。パッケージの裏には、「お話を聞かせてください」と題したメッセージが印刷されている。暴行や脅迫を受けている、誰かにつきまとわれている、仕事をやめたい、お金の問題、妊娠に関する悩みや不安……。女性が抱えている可能性がある悩みを例示し、「ベストな方法を一緒に考えます」と呼びかける内容だ。

坂本さんがガールズバーの女性たち何人かに声をかけていくと、白いTシャツにデニムのショートパンツをはいた女性二人組が熱心に耳を傾けていた。ひとりは不当な理由で男にお金を払うよう脅迫されたことがあると明かし、もうひとりは昼職（昼間の仕事）を探しているという。しばらく会話を続け、別れ際、女性たちはパッケージの裏のメッセージを見ながら「相談窓口があるんだ。教えてもらってよかったー」と話していた。

あからさまに男女の出会いを設定する店もあった。男性は二〇〇〇円、女性は無料で立ち寄れるカフェと称する店舗で、看板には「パパ活？　婚活？　食事？　カラオケ？　あなた次第で稼げます!!」とうたっている。こうした場所で相手を見つけ、売春に及ぶケースもあるとい

歌舞伎町でガールズバーの呼び込みをしている女性たちに汗ふきシートを配りながら言葉を交わす坂本新さん（2022年、著者撮影）＊画像の一部を加工

う。

歌舞伎町北部にある公園付近に近づくとネオンは一気に減って周囲は薄暗くなり、人通りもまばらになる。

公園前の通りには不思議な光景が広がっていた。女性が数メートルおきに立ち、下を向いてスマホをのぞきこんでいる。そばには仕事帰りのサラリーマン風の男性や、Tシャツなどカジュアルな格好の男性が周囲をちらちらと見ながら立っている。男性は何人かでかたまって立っているグループもいた。女性より男性の方が圧倒的に多い。こうした様子は、最近はメディアでもよく取り上げられている。

しばらく様子を見ていると、ある男性が女性に近づき、短い会話を交わした後、ふたりでその場を離れていった。坂本さんによると、女性たちは街頭に立って売春をする「街娼」

だ。男性から声をかけて値段交渉をし、成立したら近くのホテルや「休憩所」に入る。近年、この付近は「立ちんぼスポット」と呼ばれている。

「売春防止法」では、売春を、「人としての尊厳を害し、性道徳に反し、社会の善良の風俗をみだすもの」として禁止しているが、客待ちなどをして売春を勧誘する行為は処罰される一方、買う側は処罰対象になっていない。このため、女性側は補導されることなどを警戒し、自ら男性に声をかけることはなく、人を待つふりなどをして立っているという。

坂本さんはここでも女性たちに「こんばんは」と声をかけて汗ふきシートを差し出した。二〇代くらいのギンガムチェックのワンピースを着た女性は、坂本さんと目を合わせることもなく、固い表情のまま無言でスマホを見続けていた。髪を無造作に束ねた、Tシャツにジーンズの女性も声かけに応じず、顔をそむけた。

「私服警察官と思われているのかもしれませんが、最初は警戒されて、いつもこんな感じですね。時間をかけて少しずつ話が聞けるようになります」

坂本さんはそう語り、歩き続けた。

少し離れたところに、坂本さんの顔見知りの女性が立ち、女性ふたりと談笑していた。雑談を交わして別れた後、坂本さんは「彼女は性的少数者です。男性からひどい言葉を投げかけられることもあるみたいです」と明かした。

坂本さんは昼間は民間企業に勤め、原則毎週金曜日と土曜日にこうした夜回り活動をしている。歌舞伎町内に女性たちが相談に立ち寄れる場所も設け、活動する夜には他のスタッフとともに食料や生理用品などを準備して開放している。

坂本さんは大学卒業後、警備会社に就職。約二〇年前に中米ホンジュラスの日本大使館に警備のため派遣された際、経済的困窮から売春で生計を立てざるをえない状況の女性たちの存在を知った。その後赴任したロシアや中国でも同じような性搾取の構造があると感じ、会社をやめて、人身売買の問題などに取り組むＮＧＯなどへ転職。二〇二〇年に独立して「レスキュー・ハブ」を設立した。

ＮＧＯではＡＶ（アダルトヴィデオ）への出演を強要された女性や、性風俗の仕事から抜け出したいという女性からの相談が多かった。夜の新宿を見回りするようになったのはＮＧＯにいた二〇一八年秋。性暴力や虐待などの被害に遭った、または遭う可能性がある若年女性を支援するため、夜の繁華街を回って声かけするという東京都の事業の委託を受けたのがきっかけだった。相談が来るのを待つのではなく、支援対象者に積極的にアプローチする「アウトリーチ」型の支援だ。

「みんなスマホでやりとりしている時代。直接声かけされるのを待っている女性がどれだけいるのだろうか」

当初、坂本さんたちは疑問を感じながら手探りで始めた。団体名の連絡先を書いた紙を渡そうとしても相手にされず、冬には使い捨てカイロを添えるなど工夫した。

客を呼びこむため外に立っているガールズバーで働く女性たちと時間をかけて言葉を交わしていくうち、「同棲している彼氏の暴力がひどい」「お客さんからストーカーされてすごく怖い思いをしている」といった悩みや、「精神障害があるが、(支援を受けられる、精神障害者保健福祉)手帳が失効してしまった。どうすればいいか」という困り事を打ち明けられるようになった。

ガールズバーで働く二一歳の女性は、有名私立大学を二年ほどで中退したのをきっかけに親との関係が悪化。家に居づらくなって飛び出し、仕事を求めて歌舞伎町に来たという。坂本さんと出会った時はすでに二年ほどガールズバーで働いており、女性は「水商売を二年もやっているると自分の履歴書に経歴が書けず、空白ができてしまう。今さら昼職で雇ってくれるところもないだろう」とあきらめた様子だった。

「比較的コミュニケーション能力が高く、自分でSOSを出せそうな女性たちでもさまざまな困難を抱えている」と気づいた坂本さん。「周囲に同じような境遇の子が多いとどうしてもあきらめの発想になってしまう。夜職を抜けたい、環境を変えたいという思いがある子たちに他に選択肢ややり方があるとアドバイスできる大人が必要なのではないか」とアウトリーチの重要性を感じたという。

居場所のない少女たち

坂本さんは、歌舞伎町北部のエリアでは二〇一八年当時、公園のそばに立つ女性を見たことがあったが、数も少なく、目的もよくわからなかった。変化を感じたのは新型コロナウイルスが拡大し、初めての緊急事態宣言が出された二〇二〇年四月。繁華街の方はネオンも消え、人影もまばらだったが、公園のそばに行くと女性の姿がちらほら確認できた。

何人かに声をかけていくうち、ある女性が話に応じ、男性と直接交渉して売春をしている「街娼」とわかった。「濃厚接触を避けろと言われている状況のなかでも街娼をやらざるをえない女性がいるのか」と衝撃を受けた。

その後緊急事態宣言明けの五月以降、公園のそばに立つ女性たちはさらに増えていったという。多い時は三〇人程度を見かけた。年齢は二〇代から三〇代が中心とみられる。ある女性は「普段はデリヘルで働いているが、客が来なくて収入が足りず、待機時間以外はここで立っている。一人でも二人でも客をつかまえないと、来月には家賃が払えなくなる」と切羽詰まった様子で話した。

「派遣社員としてコールセンターで働いていたが、コロナで仕事がなくなり、ここに来た」と話す女性もいた。

八月にはさらに増え、公園の周囲だけでなく、少し離れた場所にも女性が立つようになっていたという。

　こうした状況への対策とみられるが、警視庁は二〇二〇年一二月、大久保公園周辺にいた一八～五三歳の女性二二人を売春防止法に基づき一斉に補導した。二二人のうち無職が三六パーセントを占め、「コロナ禍で満足に稼げない」という理由から路上に立ち始めた女性もいた。

　坂本さんの実感どおり、検挙者はその後も増え続けている。警視庁が大久保公園周辺で買春客待ちをしていた女性の検挙者数は、二〇二〇年二三人、二一年三四人、二二年五一人で、三年連続で増加している。「朝日新聞デジタル」（二三年一二月二〇日）によると、二三年は一月から一二月一九日までで一七～五六歳の女性一四〇人を売春防止法違反（客待ち）容疑で現行犯逮捕しており、急増ぶりが際立つ。一四〇人のうち二〇代が七割以上を占めた。警視庁が取り締まりを強化したことや、「立ちんぼスポット」がメディアなどで取り上げられ、注目が集まったことも要因として考えられるが、後述するような、ホストクラブに通う女性客に高額の売掛金（ツケ）を請求する「悪質ホスト」問題など、社会で取り組むべき課題が横たわっている。

　坂本さんによると、警察の摘発があると女性は一時的に減るものの、徐々に戻ってくるという。二〇二一年ごろからは一〇代とみられる女性も目に付くようになった。

「『トー横キッズ』が流れてきたんだと思います」

「トー横キッズ」とは、歌舞伎町の新宿東宝ビル（ＴＯＨＯシネマズ新宿）の近辺に集まる若者たちを指す。居場所がなかったり、家出したりした若者らがＳＮＳを通じて集まり、児童買春

多くの若者が夜な夜な集まる「トー横」（著者撮影）＊画像の一部を加工

など犯罪の温床になっているとの指摘もある。

夜に「トー横」を通りかかると、大音量で音楽が流れるなか、若者のグループがいくつもでき、地べたに座ったり寝転がったりして過ごしている。周囲にはアルコール飲料の空き缶が並ぶ。一〇代であろう明るい金髪の男女が、ボトル入りの酒を回し飲みし、盛り上がっている。近年はとくに、市販薬の過剰摂取《オーバードーズ》で緊急搬送されるケースも相次いでいるという。

坂本さんは冷えこみの厳しい二一年一二月ごろ、公園前で短いスカートにパーカー姿で震えながら立っている女性ふたりと出会った。あきらかに一〇代に見えた。事情を聞くと、「泊まるところがなく、〝案件〟をこなしてお金を稼がないといけないんです」と答えた。「案件をこなす」とは本番行為以外で性的サービスをする「援助交際」を指す。所持金は少なく、比較的安く泊まれる周辺のネットカフェは年齢確認などが厳しくなって利用できない。そこでふたりで一泊六〇〇〇円のホテルに泊まろうと、足りないお金を求めて援交の客を探していたというのだ。

「疲れた」と話すふたりをNPOの立ち寄り所に連れて行き、食事を与えた。二人は一六、一七歳。ひとりは親から虐待を受けるため家に帰ることができず、もうひとりはネグレクトの状態で家にいても食事も金ももらえないと明かした。ふたりは案件をこなすことで六〇〇〇円のホテル代と食事代がまかなえればいいと考えていたという。

家に帰れず、六〇〇〇円のために自身の性を売ろうとする一〇代の女性。坂本さんによると、最近は「買う」男性の多さも目立つ。日本社会の性搾取の構造的問題が如実に現れているように感じる。

女性たちが性風俗や売春に従事する理由はさまざまだ。経済的困窮が多いが、困窮に至った事情としてはシングルマザーだったり、非正規の仕事を失ったり、奨学金の返済に追われたりと多岐にわたる。虐待やDVを受けるなどして居場所がない、ホストクラブ通いで多額の借金を負った、恋人から金を稼ぐよう脅された……といったケースもある。

さらに坂本さんは発達障害や知的障害を抱え、これまで生きづらさを感じてきた人も一定数いると見る。昼間の仕事をしていた発達障害の女性は周囲から「空気の読めない人」と扱われて居づらくなり、うつ状態になって仕事をやめ、働く気力も失って「街娼」になったという。

一方で「娯楽のため」「なんとなく」という理由で始めたり、仕事として割り切って従事したりしている人もいる。

坂本さんは当事者の現在の生活や働く環境を否定せず、そこに至った理由が何であっても、環境を変えたいと本人が願うなら躊躇《ちゅうちょ》なく支援するというスタンスをとっている。

性風俗がセーフティーネットという現実

新型コロナの拡大によって女性が増えたという「立ちんぼスポット」では、ある変化が生じている。坂本さんが女性たちに聞いた話を総合すると、公園近辺では、売春で得る対価の「相場」がコロナ前より下がっているという。コロナ前は個人差はあるものの一万五〇〇〇円〜二万円が一般的だったが、「街娼」が増えて買い手市場となり、最近は一万円程度になっているらしい。

経済的に困窮し、財布には数百円しかなく、その日ネットカフェに泊まるお金さえない。とにかくひとりでもいいから客をとらなければ——。そんな追い詰められた女性たちの足元を見るように安い金額をふっかけてくる男性も多いようだ。

客と直接取引をする街娼は仲介料など引かれず客から満額得られる一方、トラブルに巻き込まれるリスクも高い。暴力的に振る舞う、避妊しない、行為が終わってから金がないと言う……。女性の相談で明らかになった買う側の男性の行動からは、「売春する女性を軽く見る」意識が透けて見える。本章冒頭の事件の被告の「風俗の人はどうでもいい」という供述と根っこは同じではないだろうか。

「妊娠したが、中絶費用がない」「客が避妊してくれなかったので緊急避妊薬（アフターピル）代がほしい」「性病になったが、健康保険証が使えず病院に行けない」。「街娼」の女性たちからはこのようなSOSが発せられる。心身を傷つけられた上、十分なケアも受けられないケースもある。

トー横キッズのように居場所がない少女や、障害を持ち生きづらさを抱えた女性たちが性を売らないと生きていけない社会とは一体なんだろう。一方で、「これでしか稼げないという女性がいるのも現実」と坂本さんは言う。生活保護など本来の社会保障が機能しておらず、事実上、性風俗が「セーフティーネット」になってしまっているという現実だ。

彼女たちは自分たちのことをどう捉えているのだろうか。たとえば蔑視を感じることはあるのだろうか。坂本さんは少し考えて、こう語った。

「自分たちが様々な事情を抱えていることをわかってもらえず、金ほしさで立っていると思われている、と言う人はいますね。逆に言うと偏見を持たれているという意識があるからでしょう。ある女性は、ありえないほど金額を値切ってきて拒否しても無理に条件を飲ませようとする男性がいたと明かし、『こいつらには何をしても大丈夫だ』と思われているんだなと感じた、と話していました」

さらに、こう続けた。「『私のような存在がいることによって性犯罪を減らせている』と話す女性もいました。自分自身の尊厳を守るためだろうと思うのですが……」

私は、終戦直後に各地に占領軍向けの慰安所を設置した際に掲げられた、「善良な婦女子を守るため」という「性の防波堤」論を思い出した。当時慰安所で働く女性が「こういうよごれた体で国の役に立つのなら喜んでやりましょう」と語っていたとされるが、私には現代の女性たちのなかにも、やむなくそうした価値観を内面化する人がおり、「自分が社会の役に立っている」という自負によって精神のバランスを保とうとしているように感じられた。

「困難女性支援法」の成立

現在の性風俗や売春に携わる女性たちについて、支援の現場を通じて見てきたが、さまざまな理由が複合して経済的困窮に陥り、やむをえず従事しているケースは多い。とくに一〇代、二〇代の若い女性は、自身に被害者という認識がないまま、性搾取されている可能性が高い。近年、坂本さんのように、そうした女性たちを支援する動きが出ている。

警視庁は売春する女性を摘発するだけでなく、生活支援のために自治体窓口などにつなぐ取り組みを二〇二〇年秋から本格化した。「毎日新聞」の取材に対し、警視庁幹部は次のように理由を説明している。

「売春防止法に基づいて摘発しても、再犯者が多いのが実態。経済的な理由で売春をするケースが多く、取り締まりだけでは根本的な解決にならなかった。そのため、摘発とともに行政と協力して生活支援も重視するようにした」

売春する女性の中には、ホストクラブにはまり、支払い能力を超える料金を請求されて多額の借金を抱えている人も目立つ。こうした女性たちの親から相談を受けていた、歌舞伎町の公益社団法人「日本駆け込み寺」が二〇二三年夏、当事者団体「青少年を守る父母の連絡協議会」を立ち上げて「悪質ホスト」の実態を訴えると、大きな反響を呼び、「悪質ホスト」はたちまち社会問題化した。

歌舞伎町に約三〇〇店あるとされるホストクラブでは、ホストがSNSなどを通じて女性に近づき、店に通わせて、次第に「シャンパンタワー」など高額のサービスに注《つ》ぎこませるケースなどが報告されている。多額の売掛金（ツケ）を背負っても、彼女たちはホストに恋愛感情を抱き精神的に依存してしまっているため、離れることができないのだ。女性たちに売春や風俗店で働くようそそのかすホストもいる。

この問題は国会でも取り上げられ、ホストクラブ経営者らは、段階的に売掛金をなくしていく方針を表明した。警視庁も対策を強化している。二〇二三年一二月には歌舞伎町のホストクラブなどに一斉立ち入りを実施。調査した二〇二店のうち、一四五店で値段を明示しないで酒類を販売したり、無許可で営業したりするなどの風営法違反が確認されたという。さらに、女性客やその家族らを対象に専門の被害相談窓口を「新宿少年センター」に開設した。警察官一人と心理カウンセラー二人が常駐し、相談を受け付ける。

現代のからゆきさん

また、円安を背景に、最近は女性が海外に渡って売春するケースも目立ち、二〇二四年に入って女性を海外に斡旋したブローカーの摘発が相次いでいる。「毎日新聞」（二〇二四年四月五日）によると、四月に職業安定法違反（有害業務の募集）容疑で警視庁に逮捕されたブローカーは、海外での出稼ぎをうたうインターネットの求人サイトなどを通じて女性を集めていた。容疑者の一人は「二〇〇～三〇〇人を米国やオーストラリア、カナダなどに斡旋し、二億円近くを売り上げた」と供述したという。女性が得られるのは売り上げの五～六割で、残りは現地の売春業者やブローカーが受け取っていたとみられる。

摘発されたブローカーが運営していたとみられるＳＮＳアカウントには、「アメリカ出稼ぎ短期一週間一〇〇万円以上!!」「台湾出稼ぎ月収一〇〇〇万円以上」といった言葉が並ぶが、具体的な仕事内容には触れていない。

時代や背景事情は異なるが、海外に渡る女性たちに、私は第一章で触れた「からゆきさん」の姿を重ねた。女性を甘言で誘い出し、搾取するブローカーの手口は、まさに「現代版の女衒」といえよう。

こうした女性たちは、ホストクラブなどで多額の売掛金を抱えているケースも多いとみられ、歌舞伎町の路上で売春する「立ちんぼ」の女性たちと根は同じだ。

マカオで売春した経験のある女性は「毎日新聞」の取材に対し、客から暴力を受けるなど、「客の前では常に命の危険を感じた」と明かしており（「毎日新聞」二〇二四年四月五日）、危険がつきまとう仕事であることも共通している。

女性の心につけこみ搾取する悪質ホストの問題には、喫緊に対策が必要なのは言うまでもない。加えてホストもまた、店側から高い売り上げを求められ、回収できないツケを背負わされるなど、「搾取される被害者」の側面があることも見過ごしてはならないだろう。

もっとも重要なのは、そもそもなぜ女性がそこまでホストにはまってしまうのか、という点だ。その背景に生きづらさや居場所のなさがあるということを見ずに問題を矮《わい》小化してしまうと、根本的な解決にはつながらないと考える。

解決のヒントになるのが、超党派の議員立法で貧困やＤＶ、性暴力被害などに苦しむ女性を対象にした「困難な問題を抱える女性への支援に関する法律（困難女性支援法）」（二〇二二年五月成立、二〇二四年四月施行）だ。売春防止法を根拠としていた女性に対する公的支援制度「婦人保護事業」を六六年ぶりに抜本的に見直すもので、女性の補導処分などを定めた売春防止法の一部を廃止し、女性の人権保障を明記した点が特徴だ。

現在の売春防止法はその目的を「売春を行うおそれのある女子に対する補導処分及び保護更

生の措置を講ずることによつて、売春の防止を図ること」と定めている（同法第一条）。売春する女性自身に問題があるかのような差別的視点や偏見がベースになっているとの指摘があり、見直しを求める声が上がっていた。

「困難女性支援法」では、「困難な問題を抱える女性」を、「性的な被害、家庭の状況、地域社会との関係性その他の様々な事情により日常生活又は社会生活を円滑に営む上で困難な問題を抱える女性（そのおそれのある女性を含む。）」と定義（同法第二条）。基本理念として「女性の抱える問題が多様化するとともに複合化し、そのために複雑化していることを踏まえ、困難な問題を抱える女性が、それぞれの意思が尊重されながら、抱えている問題及びその背景、心身の状況等に応じた最適な支援を受けられるようにする」とうたい、さらに「人権の擁護を図るとともに、男女平等の実現に資することを旨とする」と掲げた（同法第三条）。

支援現場の人手不足など課題も指摘されているが、女性支援の法律の理念に「男女平等の実現」が盛りこまれた点は大きい。女性が抱える困難の背景には、ジェンダーに基づく差別や格差があることを踏まえているからだ。

このように、女性の人権やジェンダーに基づく差別に光が当たるようになったのはなぜだろうか。ひとつのきっかけとして、性被害を告発する「#MeToo運動」の高まりがあると考えられる。

ここで、「#MeToo運動」について振り返りたい。二〇一七年秋以降に米国で盛り上がり、一八年には世界中に広がった、性暴力被害やセクシャルハラスメントを告発するムーブメントだ。具体的にはSNSなどオンラインで「#MeToo（私も被害者である）」と書きこんで被害を明かすことで、告発された多くの加害者側が辞任や解雇といった社会的制裁を受けるなどその影響力は大きかった。きっかけは二〇一七年一〇月五日、「ニューヨーク・タイムズ」紙がハリウッドの大物プロデューサー、ハーヴェイ・ワインスタインの性暴力・セクハラ疑惑を報じたことだった。ハリウッド俳優のアリッサ・ミラノがツイッターで、この問題の深刻さを知らせるため、性的嫌がらせや虐待を受けた場合は「Me too（私も）」と書きこむよう呼びかけ、趣旨に賛同した人々の投稿が爆発的に増えたという。ただ、「Me too」を掲げる運動自体はその約一〇年前、米国女性活動家のタラナ・バーク氏が提唱していた。恵まれない環境で生きる性暴力の被害者のための草の根活動として、Me Tooムーブメントを始めたという。

日本では、ジャーナリストの伊藤詩織さんが「#MeToo運動」の象徴的存在として知られる。伊藤さんは二〇一七年、元TBS記者の山口敬之氏による性被害を記者会見で公表。実名や顔を出して発言を続けて運動の広がりに大きな影響を与えた。東京地検は二〇一六年七月、準強姦容疑で書類送検された山口氏を容疑不十分で不起訴処分とした。一方、伊藤さんは二〇一七年に山口氏に民事訴訟として損害賠償を求めて提訴。二〇二二年七月に「性行為に同意はなかった」として性被害を認定する判決が確定した。

二〇二二年には日本の映画界でも性暴力を告発する動きが相次ぎ、業界が再発防止に取り組み始めている。性暴力被害について当事者が声を上げ、被害をなくしていこうという動きは着実に広がっており、社会の意識も変化しているように見える。

ただ、「被害」についての認識は一枚岩ではない。性風俗や売春に携わっている人たちを一律に被害者とみることは、法が売春を禁止している以上、異論も予想されるし、「自ら選んでやっている」と考える当事者からすれば、意に反する可能性はある。だからと言って、貧困による格差、障害による生きづらさ、家庭環境による居場所のなさなどがきっかけで性売買に関わり、搾取される人たちを「自己責任」と切り捨てていいはずはない。

分断を乗り越えるために

主に近代から続く娼婦への蔑視は、男性だけでなく娼婦ではない女性たちもかかわってきた。現代においてもなお、男性や女性、性的少数者の人々という線引きに加え、娼婦と呼ばれる女性たちとそれ以外の女性たちとの間にも分断があるように思う。このいくつもの分断を乗り越えることはできるのか。

ヒントになるのは『九九パーセントのためのフェミニズム宣言』（二〇二〇年）だ。ナンシー・フレイザーら米国を拠点に活動する三人のフェミニストによる著書で、新自由主義に基づく「リーン・イン・フェミニズム」を批判し、新たなフェミニズムの考え方を示している。

リーン・イン・フェミニズムとは、米メタ（旧フェイスブック）元ＣＯＯ（最高執行責任者）のシェリル・サンドバーグ氏が唱えた言葉で、女性が企業や組織のなかで管理職や役員になり、「リーン・イン」、つまり内側に入りこむことで女性の地位を向上させていこうという考え方だ。主要なポストの女性が増えることは望ましいように見えるが、女性も競争に加わり、高い生産性を上げて企業や国家に貢献することを目指すものだ。このため新自由主義を正当化する、ごく一部のエリート女性のためのフェミニズムだという指摘がある。

これに対し、「九九パーセントのためのフェミニズム」は、「少数の自由を守るために大多数の幸福を犠牲にすることを拒否し、大多数の要求と権利を擁護する」という考え方だ。この「大多数」には、貧しい女性や性的マイノリティーの女性などを含む。さらに女性だけでなく、「搾取され、支配され、抑圧されてきたすべての人たちのために立ち上がる」ことを目指す。その実現のために、あらゆる労働者階級の女性たちが抱く懸念を中心に据えて闘うと宣言し、労働者階級の女性を次のように定義する。

「人種化された女性、移民の女性、白人女性を含む。シスジェンダーの女性、トランスジェンダーの女性、ジェンダーによる規定に準じない者たちを含む。専業主婦の女性、セックス・ワーカーの女性を含む。時給、週給、月給、無給で労働する女性を含む」

このようなスタンスを、菊池夏野氏は解説で、こう評している。

「本書は随所で『トランス女性』や『セックス・ワーカー』といったマイノリティ女性を主体に含めている。どちらも、従来から、フェミニズムがどのようにかかわるか対立が続いてきた存在である。女性から排除し、否定するフェミニストすらいる。本書が、そうではなく、ともにある存在として含めていることは大きな意義を持っている」

これまで分断されてきたさまざまな立場の人を内包して手をつなぎ、搾取や抑圧の構造と闘うべきだというメッセージは力強い。

日本ではジェンダーに基づく差別や格差が色濃く残る。現在はそれが改善すべき状況としてようやく可視化されてきた段階で、格差をなくす動きは緒に就いたばかりだといえる。本書でこれまで見てきたように、近現代の娼婦に対するこうした差別的なまなざしは、男性が優位にある社会が常に影響力を及ぼし、形成してきたと言えるだろう。そこには「買う」側の男性の存在と意識が大きく関わっているのは言うまでもないが、男性の意識を内面化した女性も存在する。貧困や経済格差の拡大という、娼婦を生む構造的問題も依然として横たわる。また、長く続く蔑視をなくすことは容易ではないだろう。ただ、ジェンダー差別や格差、性暴力をなくすという新しい段階の声が高まる今だからこそ、この蔑視の問題に真摯に向き合うことが重要であり、分断を乗り越えるための転機のひとつになる可能性があると考える。

消えゆく「娼婦の声」を追ってきて感じたのは、声にはその時々の多様で複雑な社会の問題が凝縮されているということだ。それらは決して過去に片付けられた問題ではない。だからこそ記録に残す必要があり、今を生きる私たちはその突きつけられた課題にひとつひとつ、取り組んでいかなければならないと思う。

おわりに

近現代の娼婦の声を今、伝える意味とは何だろう。そう自問しながら文献にあたり、ゆかりの現場や人を訪ね歩いて、取材を重ねてきた。

「そんなことを今さら書いて何になるんですか。私にも家族はいるし、興味本位で昔のことを掘り返されても迷惑です」

今回の取材中、私はある人からこんな言葉を投げかけられ、とっさに返答することができなかった。「パンパン」にまつわる取材で、近しい親族にたどりついた時のことだ。

記者をしていれば、取材を申しこんで厳しい反応をされることはよくあることで、覚悟はできている。それでも衝撃を受けたのは、戦後八〇年近くたとうとしているのに、その人にとってすでに亡くなった親族のことは今も触れられたくない過去で、自分の子どもたちにも知られたくない、と切実に思っていることが伝わってきたからだ。

他にも、こうした形で取材が頓挫したことが複数回あった。今も、彼女たちの気持ちを充分に理解できたとは思わないが、それだけ根深く、センシティブな問題を取材しているということを、再認識させられた。

娼婦のありようは多様で、本書で扱ったケースをもって総括できるものではなく、明確な答えが出たわけではない。ただ、見えてきたのは、過去に娼婦が抱えていた問題は、今を生きる女性たちが直面している問題とつながっているということだ。

たとえば、第1章で取り上げた「からゆきさん」。病気で働けない父親と幼い妹弟を、一六歳の少女がひとりで養わなければならないという、どうしようもない貧困が目の前にあった。そこで少女は稼ぐために海を渡り、苛酷な体験をするわけだが、貧困状態にあった少女の家庭を救う手立ては他になかったのか。「身売り」が珍しくなかった時代とはいえ、国や自治体などが彼女やその家族に対してできることはなかったのか――とどうしても思わずにはいられない。そして、日本人女性の海外での売春は、過去のことではない。第4章で触れたように、現在もホスト通いで多額のツケがある女性たちがブローカーの斡旋で海外にわたり、危険の伴う売春をしているケースが相次ぐ。

本書で指摘したとおり、貧困と当時の女性の地位の低さが、女性を搾取する構造を生んだといえるが、現在もその構造は大きく変わっていないのではないだろうか。

経済協力開発機構（ＯＥＣＤ）のデータ（二〇一六年）によると、日本における所得格差を示すジニ係数や相対的貧困率は、先進国の中でも高いランクにある。つまり格差が大きく、貧しい。「相対的貧困率の動向：二〇一九年国民生活基礎調査を用いて」（阿部彩、二〇二一年）によれば、働いている層の相対的貧困率（ワーキングプア率）は、ほぼすべての年齢層で女性は男性より高く、かつ七〇歳代で急増している。さらに、コロナ禍で多くの人が職を失うなど貧困問題は深刻化しているが、生活支援が行き届いているとはいえない状況だ。

また、第2章で紹介した「パンパン」の証言や調査からは、家族との不和などから居づらくなって家を出て、街娼になった女性が多かったことがわかる。現在、東京・新宿の歌舞伎町などをさまよう若い女性たちのなかにも、虐待を受けるなどして家に居場所がなく、性売買に関わる人が少なからずいる。望まない妊娠によって生まれた新生児を遺棄する事件は戦後も現在も相次いでいる。生きづらさを抱えた若い女性の孤独にいかに寄り添い、解消していくかは今も大きな課題だ。

こうしてみていくと、時代背景は異なるものの、女性が向き合う苦しみや困難は、近現代からずっと続いているように思える。時代、時代の娼婦の声にはその苦しみが凝縮されている。それは、これまでも漠然とイメージされてきたことでもあるが、今回様々な取材と証言によって、あらためて明らかになったように思える。

取材で「出会った」彼女たちのことは忘れられない。からゆきさんだった春代は、身請けした英国人と別れた後に、男性に熱心に言い寄られたという恋愛話も少し弾んだ口調で打ち明けてくれた。パンパンだった「アカネさん」は、今も身体に残る入れ墨の跡が、年老いたために「くさったキャベツのようになっている」と面白おかしく語ってみせた。一人一人が苛酷な体験を経たからこその強さやあたたかさに満ちている。彼女たちの生き方は、執筆する私を力づけてくれた。

本書は、「毎日新聞デジタル」で二〇二〇年〜二二年に掲載した記事をベースに、追加取材を踏まえて大幅に修正・加筆したものであるが、当初からは、ほとんど別のものといえるほどに内容は変わっている。

女性たちから聞いた人生やエピソードを教えてくださった宮﨑和子さん、内嶋善之助さん、宮﨑金助さん、田中利夫さん、小宮一視さん、五大路子さん、坂本新さん。そして「アカネ」さん。感謝いたします。研究者の嶽本新奈さん、茶園敏美さん、辻浩和さんには、歴史的背景やジェンダー史の視点について詳しく解説していただいた。あらためて深謝申し上げます。

大変残念なことに、本書執筆の動機のテープについて語ってくれた、宮﨑和子さんは二〇二二年五月に鬼籍に入った。亡くなる約半年前に貴重な取材の機会をいただけた。心よりお悔やみを申し上げます。

最後に、からゆきさんをはじめ、さまざまな困難の中を、懸命に生きた女性たちに心からの敬意を表して筆を擱く。

二〇二四年五月　牧野宏美

主な参考文献・資料一覧

第1章

今村昌平企画『村岡伊平治自伝』（講談社文庫、一九八七年）
今村昌平監督　映画『女衒 ZEGEN』（一九八七年）
内嶋善之助著『戯曲　珈琲とバナナとウィスキー』（私家版、二〇一九年）
金一勉著『遊女・からゆき・慰安婦の系譜』（雄山閣出版、一九九七年）
熊井啓監督　映画『サンダカン八番娼館　望郷』（一九七四年）
倉橋正直著『従軍慰安婦問題の歴史的研究――売春婦型と性的奴隷型』（共栄書房、一九九四年）
ジェームズ・フランシス・ワレン著、蔡史君・早瀬晋三監訳、藤沢邦子訳『阿姑とからゆきさん――シンガポールの買売春社会1870―1940年』（法政大学出版局、二〇一五年）
司馬遼太郎著『街道をゆく17〈新装版〉島原・天草の諸道』（朝日文庫、二〇〇八年）
シンガポール日本人会ホームページ（https://www.jas.org.sg/）
嶽本新奈著『「からゆきさん」――海外〈出稼ぎ〉女性の近代』（共栄書房、二〇一五年）
田中圭二著「同意堕胎罪・業務上堕胎罪における母体への『同意傷害』」（「高岡法学」第五巻第一・二号合併号、一九九四年）
中央社会事業協会社会事業研究所編『堕胎間引の研究』（中央社会事業協会社会事業研究所、一九三六年）
南洋及日本人社編『南洋の五十年――シンガポールを中心に同胞活躍』（章華社、一九三八年）
宮崎康平著『からゆきさん物語』（不知火書房、二〇〇八年）
宮崎康平著『まぼろしの邪馬台国』（講談社、一九六七年）
森崎和江著『からゆきさん――異国に売られた少女たち』（朝日文庫、二〇一六年）
森崎和江著『まっくら――女坑夫からの聞き書き』（岩波文庫、二〇二一年）
山崎朋子著『サンダカン八番娼館』（新装版、文春文庫、二〇〇八年）

第2章
朝霞市基地跡地の歴史研究会編『ここまでわかったキャンプドレイク』（私家版、二〇二〇年）
朝霞市教育委員会市史編さん室編『朝霞市史　通史編』（朝霞市、一九八九年）
いのうえせつこ著『占領軍慰安所――国家による売春施設　敗戦秘史』（新評論、一九九五年）
神奈川県警察史　編さん委員会編『神奈川県警察史　下巻』（神奈川県警察本部、一九七四年）
五大路子著『Rosa――横浜ローザ、25年目の手紙』（有隣堂、二〇二〇年）
埼玉県教職員教育組合連合編『埼玉の教育教育研究埼玉県集会報告第七次』（一九五七年）
「埼玉新聞」一九五二年〜一九五五年
「埼玉タイムス」一九五〇年〜一九五一年
齊藤梓・大竹裕子編著「性暴力被害の実際――被害はどのように起き、どう回復するのか」（金剛出版、二〇二〇年）
清水幾太郎・宮原誠一・上田庄三郎編『基地の子――この事実をどう考えたらよいか』（光文社、一九五三年）
鈴木清順監督　映画『肉体の門』（一九六四年）
竹中勝男・住谷悦治編『街娼――実態とその手記』（有恒社、一九四九年）
田代国次郎著「戦後日本の売春問題1　広島県内の売春問題を中心に」（「行政社会論集」第三巻第二号、一九九一年）
田中利夫著（絵と文）『金ちゃんの少年時代――アメリカ軍基地のあった朝霞』（ジーズバンク、二〇一七年）
檀原照和著『白い孤影　ヨコハマメリー』（ちくま文庫、二〇一八年）
茶園敏美著『パンパンとは誰なのか――キャッチという占領期の性暴力とGIとの親密性』（インパクト出版会、二〇一四年）
茶園敏美著『もうひとつの占領――セックスというコンタクト・ゾーンから』（インパクト出版会、二〇一八年）
東京都民生局編『東京都の婦人保護』（東京都民生局婦人部福祉課、一九七三年）
ドウス昌代著『敗者の贈物――特殊慰安施設RAAをめぐる占領史の側面』（講談社文庫、一九九五年）
中沢啓治著『完全版　はだしのゲン③』（金の星社、二〇一九年）

中條克俊著『自由をつくるvol.2　君たちに伝えたい　朝霞、そこは基地の街だった。』（梨の木舎、二〇〇六年）
中村高寛著『ヨコハマメリー――白塗りの老娼はどこへいったのか』（河出文庫、二〇二〇年。二〇一七年単行本版は『ヨコハマメリー――かつて白化粧の老娼婦がいた』）
中村高寛監督　映画『ヨコハメマメリー』（二〇〇六年）
平井和子著『占領下の女性たち――日本と満洲の性暴力・性売買「親密な交際」』（岩波書店、二〇二三年）
平井和子著『日本占領とジェンダー――米軍・売買春と日本女性たち』（有志舎、二〇一四年）
平井和子著「日本占領をジェンダー視点で問い直す――日米合作の性政策と女性の分断」（「ジェンダー史学」第一〇号、二〇一四年）
広島県警察史編修委員会編『新編広島県警察史』（広島県警察連絡協議会、一九五四年）
「毎日新聞」一九四五年～一九五五年
松葉好市（語り）・小田豊二（聞き書き）『聞き書き横濱物語』（ホーム社発行、集英社発売、二〇〇三年）
森永卓郎監修『物価の文化史事典――明治・大正・昭和・平成』（展望社、二〇〇八年）
和光市編『和光市史　通史編　下巻』（和光市、一九八八年）
渡邊洋二著『街娼の社会学的研究』（鳳弘社、一九五〇年）

第3章・吉原脱出

飯島裕子著『ルポ　コロナ禍で追いつめられる女性たち――深まる孤立と貧困』（光文社、二〇二一年）
井上理津子著『さいごの色街　飛田』（新潮文庫、二〇一五年）
大塚光信校注『コリャード懺悔録』（岩波文庫、一九八六年）
五社英雄監督　映画『吉原炎上』（一九八七年）
小谷野敦著『日本売春史――遊行女婦からソープランドまで』（新潮社、二〇〇七年）
国立歴史民俗博物館監修・「性差の日本史」展示プロジェクト編『新書版　性差の日本史』（集英社インターナショナル、二〇二一年）

「戦争と女性への暴力」リサーチ・アクション・センター編『日本人「慰安婦」――愛国心と人身売買と』（現代書館、二〇一五年）
総合女性史学会・辻浩和・長島淳子・石月静恵編『女性労働の日本史――古代から現代まで』（勉誠出版、二〇一九年）
曽根ひろみ著『娼婦と近世社会』（吉川弘文館、二〇〇三年）
辻浩和著『中世の〈遊女〉――生業と身分』（京都大学学術出版会、二〇一七年）
中山太郎著『売笑三千年史』（ちくま学芸文庫、二〇一三年）
人間文化研究機構国立歴史民俗博物館編『企画展示　性差の日本史』（人間文化研究機構国立歴史民俗博物館、二〇二〇年）
森光子著『吉原花魁日記　光明に芽ぐむ日』（朝日文庫、二〇一〇年）※初版は『光明に芽ぐむ日』（文化生活研究会、一九二六年）
森光子著『春駒日記　吉原花魁の日々』（朝日文庫、二〇一〇年）※『春駒日記』（文化生活研究会、一九二七年）に一九二六年七月『婦人界』掲載の『廓を脱して白蓮婦人に救わるるまで』を追加収録
山家悠平著「闘争の時代の余熱のなかで――森光子『春駒日記』の描く吉原遊郭の日常風景」（京都芸術大学紀要『Genesis 26』、二〇二二年）

第4章

坂爪真吾著『性風俗サバイバル――夜の世界の緊急事態』（筑摩書房、二〇二一年）
シンジア・アルッザ、ティティ・バタチャーリヤ、ナンシー・フレイザー著、惠愛由訳、菊地夏野解説『99%のためのフェミニズム宣言』（人文書院、二〇二〇年）
立川・女の暮らし聞き書きの会編「つむぐ8号　占領下の暮らし」（私家版、一九九二年）

おわりに

阿部彩著「日本の相対的貧困率の動向：二〇一九年国民生活基礎調査を用いて」科学研究費助成事業（科学研究費助成金）（基礎研究（B））「『貧困学』のフロンティアを構築する研究」報告書、二〇二一年）

スヴェトラーナ・アレクシエーヴィチ著、三浦みどり訳『戦争は女の顔をしていない』（岩波現代文庫、二〇一六年）

写真・図版

理性院大師堂／p.21
田中利夫／p.115
著者／p.23, 43, 50, 53, 184, 199, 205
毎日新聞社／p.45, 68, 73, 81,105, 179,
PIXTA／カバー, 表紙, p.17, 113, 169
photolibrary／p.24, 150, 165
国土地理院／p.107

JASRAC 2403236-401

著者について

牧野宏美（まきの・ひろみ）

毎日新聞記者。二〇〇一年に入社、広島支局、社会部などを経て現在はデジタル編集本部デジタル報道部長。広島支局時代から、原爆被爆者の方たちからの証言など太平洋戦争に関する取材を続けるほか、社会部では事件や裁判の取材にも携わった。二〇一九年から統合デジタル取材センター（現・デジタル編集本部）で「毎日新聞デジタル」向けの記事を手がけるようになり、就職氷河期世代のルポルタージュやSNSによる中傷被害について考える連載に関わった。二〇二二年からはジェンダー格差や、生きづらさを抱えた女性に焦点を当てたウェブコラムを執筆。毎日新聞取材班としての共著に『SNS暴力――なぜ人は匿名の刃をふるうのか』（二〇二二年、毎日新聞出版）がある。

春《はる》を売《う》るひと
「からゆきさん」から現代まで

二〇二四年六月一五日初版

著　者　牧野宏美

発行者　株式会社晶文社

東京都千代田区神田神保町一－一一　〒一〇一－〇〇五一

電話（〇三）三五一八－四九四〇（代表）・四九四二（編集）

URL https://www.shobunsha.co.jp

印刷・製本　ベクトル印刷株式会社

ISBN978-4-7949-7425-9　Printed in Japan